粤港澳大湾区
Images 影像志

——

香港影像志

李健 | 编著

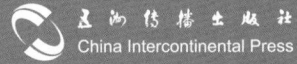

目录
CONTENTS

序（刘蜀永） 02

第一章　香港时代影像 001

古代香港（史前—1840年） 002

英占时期的香港（1841—1997年） 008

1、开埠及战前发展（1841-1941年） 008

2、日占时期（1941-1945年） 048

3、抗战胜利后城市发展（1945-1997年） 056

回归后的香港（1997-2024年） 112

第二章　香港影像故事 159

香港电影百年潮 160

香港电视发展史 172

香港流行乐坛回溯 182

香港武侠小说史 192

告别启德机场 200

九龙城寨 210

"马照跑"的香港赛马会 216

工展会：香港经济起飞的记忆 222

广九铁路：连通粤港血脉 228

香港填海工程 234

香港的怀旧与长情 240

第三章　香港文献辑录 255

1860年，维多利亚港全景图。（图/Felice Beato）

约1890年，维多利亚港全景图。（图/H.Koshino）

1922年2月5日,维多利亚港全景图。(图/美璋照相馆)

1930年代的维多利亚港全景图。(图/Johan Gunnar Andersson)

PANORAMA OF THE HONG KONG HARBOUR
TAKEN ON 5TH FEB. 1922 DURING
THE SEAMEN'S STRIKE
PHOTO NEE CHEUNG

1980年，维多利亚港全景图。（图/Marie Mathelin/Roger Viollet/Getty Images/CFP）

1995年10月26日，维多利亚港全景图。（图/South China Morning Post/Getty Images/CFP）

2010年8月25日,维多利亚港全景图。(图/Ian Trower/AWL RM/Gaopinimages)

2019年1月20日,金光熠熠的香港国际金融中心二期(中)和环球贸易广场(左),两幢摩天大楼象征着香港国际金融和贸易中心的地位。(图/张炜/CNSPHOTO)

2024 年 4 月 16 日，维多利亚港日景。（图／何树炯）

2024 年 4 月 16 日，维多利亚港夜景。（图／何树炯）

序

　　推进粤港澳大湾区建设，是新时代深化改革开放的新举措，也是推动"一国两制"发展的新实践。中国新闻社资深图片编辑李健女士提出编辑"粤港澳大湾区影像丛书"的设想，计划编辑《香港影像志》《澳门影像志》及《广东影像志》三部大型图集，逐步推出。这是富有创造性的构想。

　　2019年2月，中共中央、国务院印发《粤港澳大湾区发展规划纲要》，提出"人文湾区"的概念。文化认同、国家认同是粤港澳三地紧密联系、交流合作的血脉纽带，是建设中华民族共有精神家园的现实需要，也是构建"人文湾区"的重要思想基础。相信"粤港澳大湾区影像丛书"的编辑，有助于构建中华民族文化共同体意识，有助于增进粤港澳大湾区群众，特别是年轻一代的文化认同和国家认同。这也是延续粤港澳人文交流互动的崭新尝试。

地方志的体裁包括述、记、志、传、图、表、录等。过去我们在编写地方史志书籍的过程，就很重视图片的选用。图片的特点是形象生动、信息量大，可令人信服地补充文字记载的不足。本书选用的一些历史照片就很说明问题。例如书中选用了1899年3月中英双方代表在沙头角海岸树立界桩的经典照片，左前方中方代表王存善低头站立垂头丧气，英方代表骆克（Stewart Lockhart）手扶界桩趾高气扬。双方代表的神态折射出两国在租借新界过程中的不平等地位，对照鲜明。照片中见证这一历史事件的民众的麻木形象，也令人感慨，引人深思。又如，书中有一幅19世纪末香港教会女子学堂的照片，墙上挂着一幅世界地图，以及基督教内容的中式对联，体现出中西文化的相互影响。书中还有一幅1997年末代港督彭定康与候任特首董建华在港督府会面的照片。两人背向而行，彭定康回头张望，董建华笑容满面，标志着一个旧时代的结束，新时代的开始。

从图集的结构安排看，《香港影像志》和以往出版的香港历史图集相比，既有相同之处，也有其独特之处。全书由"香港时代影像""香港影像故事""香港文献辑录"三大部分构成。

"香港时代影像"部分，按照古代香港、英占时期的香港和回归以后的香港的时间顺序，反映由古至今香港社会和城市的发展，以及香港与祖国内地的紧密联系，同时也突出了香港回归以来，粤港澳大湾区经济文化的日渐融合。

"香港影像故事"相当于用特写或放大镜头的手法，聚焦某个重大事件或香港社会的某个侧面，例如香港电影、电视、流行乐坛、武侠小说、启德机场、填海工程等，是与香港社会息息相关的内容。影像故事最后一篇《香港的怀旧与长情》，选了何藩、邱良、蒙敏生、钟文略等摄影师拍摄的二十世纪五六十年代的香港生活图片，再现香港"狮子山下，同舟共济"的社会风貌，对应现在香港的怀旧风潮。最后一张图片是国旗和香港区旗飘扬在狮子山前，作为整本书的一幅点睛之图，也是编者对香港美好未来的祝福。

"文献辑录"则将与香港社会发展有关的一些重要文献和文物形象地展示给读者。有关英占香港的三个不平等条约原件和1933年香港大户人家结婚用的喜帖是重要的历史文献和民俗资料。

在历史学界，有所谓大历史和草根史的说法。过去的香港历史图集往往是从大历史的角度，即从宏观的角度，介绍香港社会的发展。本书则注意把大历史与草根史结合起来，书中图片既有重大历史事件的场景，也有平民百姓日常生活的写照，这就使得图集展示的香港社会生活更全面、更立体、更丰富多彩，也更有历史感。

《香港影像志》的编者在图片收集方面下了很大功夫，数量众多，精品不少。例如1860—2024年不同年代的香港全景照，1922年黎民伟所摄庆祝香港海员大罢工取得胜利的照片，1927年有"中国球王"李惠堂等人签名的香港中华足球队照片，1948年九龙弥敦道新华社香港分社办事处的照片，1949年民主人士柳亚子、陈叔通、马叙伦、郑振铎、叶圣陶等离港北上参加新政协会议在华中轮上的合照，2012年香港电车上的人民币广告，2018 年港珠澳大桥通车前的照片，等等，都是很有价值的历史照片。

《香港影像志》作为"粤港澳大湾区影像丛书"的第二本，继《澳门影像志》之后出版，很有意义，因而乐于应李健女士的邀约参与审稿工作，并撰写一篇简短的序言，表示支持与祝贺。

刘蜀永

2025 年 5 月 1 日于香港岭南大学

（刘蜀永：香港地方志中心副总编辑、香港史专家）

CHAPTER ONE

第一章

香港时代影像

HONG KONG TIMES PICTURES

古代香港（史前—1840年）

香港自古以来便是中国的一部分。大约7000年前，香港先民已劳动生息在这块土地上。秦汉时期，香港已纳入中央政权的管辖之下。明清时期，今深圳和香港地区同属广州府新安县管辖，深港两地可谓同根同源。

英国人占领之前，香港已发展成为一个传统的渔农社会，虽然无法与后来经济高度发达的香港近代社会相比，但经济和文化事业也有一定程度的发展，并非荒凉的不毛之地。

六千年前房屋聚落遗迹

中国考古艺术研究中心和中国社会科学院考古研究所合作,发掘香港南丫岛大湾,发现六千年前的房屋聚落遗迹。(图/邓聪提供)

"黑角头石刻"蕴三千年文脉

"黑角头石刻"是史前摩崖石刻,距海面11米,面朝南堂海峡,于2018年10月被发现,2019年10月香港特区政府将之列为法定古迹。有研究者认为,石刻纹饰属于饕餮纹,具有西周中晚期特征,说明中原文明早已在香港扎根。(图/何子熹)

西贡沙下考古发现

2005年10月28日,香港"西贡沙下考古发现"展览中的广东石湾奇石窑印花釉陶盆(宋代)。(图/谭达明/CNSPHOTO)

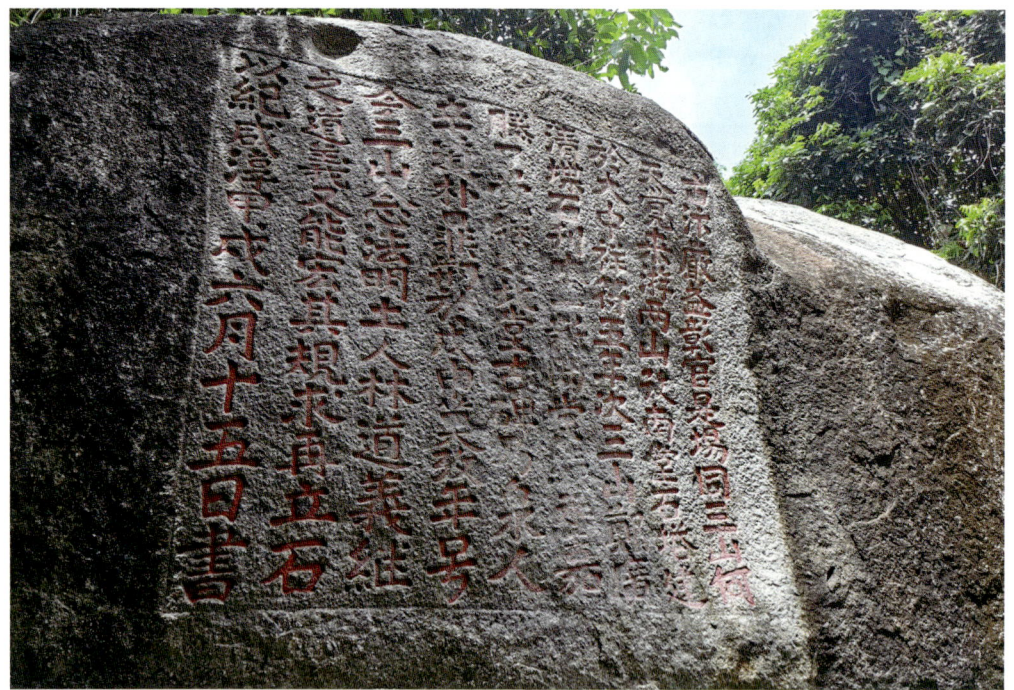

宋代大庙湾刻石

西贡佛堂门的宋代大庙湾刻石刻于南宋咸淳十年(1274年),又名地堂咀刻石,位于新界西贡区清水湾半岛南部的大庙湾地堂咀,长约3.33米,高约1.67米,厚约0.17米,刻有108字,记载了当时官富场盐官严益彰到南北佛堂(即东龙洲和大庙湾)游览,以及佛堂门天后古庙的历史。大庙湾刻石是香港最早有纪年的刻石,已被列为香港法定古迹之一。(图/何子熹)

大埔碗窑文物

大埔碗窑窑址位于香港新界大埔碗窑村,是香港法定古迹之一。大埔碗窑村一带水源丰富,拥有优质的瓷土矿,明代开始就有文、谢二族经营窑场,制作青花瓷器。清康熙十三年(1674年),南迁至大埔的客家马氏族人,向文氏购买窑场。至清朝中、后叶,碗窑村的陶瓷事业已颇具规模,产品营销至江门一带。但辛亥革命后,碗窑村的陶瓷事业逐渐式微,并于1932年停产。(图/何子熹)

《新安县志》里的香港地区

清朝嘉庆年间《新安县志》的新安地图,其中大部分地方在今香港地区。(图／佚名)

新安县城门遗址

明清时期今深圳和香港地区同属广州府新安县管辖。图为位于深圳南头的新安县城门遗址。（图／刘蜀永）

英占时期的香港 (1841—1997年)

开埠及战前发展
(1841—1941年)

从19世纪40年代开始,在两次鸦片战争和列强瓜分势力范围的背景下,英国通过中英《南京条约》《中英北京条约》和《展拓香港界址专条》等不平等条约,先后割占香港岛、九龙,租借"新界",从而占领了整个香港地区。

英国殖民统治下的香港华人占人口大多数,仍然是一个华人社会,但东西方文化碰撞、交融,呈现出独特的社会风貌。当时的香港种族歧视、种族压迫严重,处于社会底层的华人深受其害。开埠以后,香港逐步发展成为亚洲著名的转口港。华商凭借自己的聪明才智在商界苦心经营,在19世纪70年代已经成为香港社会不容忽视的力量。

鸦片战争以后,特殊的政治环境、地缘条件和香港华人的家国情怀,使得香港在中国近代社会发展的历史进程中发挥着特殊的作用。中国近现代史中的许多重大事件,如辛亥革命、海员大罢工和省港大罢工、抗日战争、新中国成立和改革开放等,都和香港紧密相关。

第一章
香港时代影像

签订《南京条约》

1842年8月29日,清政府被迫与英国签订了丧权辱国的《南京条约》,将香港岛割让给英国。(图/John Platt 绘)

1846年的香港海港

1846年,从英国皇家海军战舰"彩虹"(Iris)号张望香港海港景致。(图/L.G. Heath 绘)

香港家庭

约 1864 年,香港华人一家六口人的合影。(图 /Milton M. Miller/J. Paul Getty Museum)

朝廷大员与九龙武官合影

1870年代,朝廷大员与九龙武官合影。(图／华芳照相馆)

植物公园

约 1870 年，参观香港植物公园的师生。植物公园是香港最早的公园，曾用作港督官邸，早期因港督常兼任三军司令，又叫"兵头花园"。1871 年，公园全面开放，1975 年正式易名为香港动植物公园。（图／佚名）

第一章
香港时代影像

天后古庙

约 1870 年的天后古庙。天后古庙位于港岛铜锣湾，始建于 18 世纪，是香港法定古迹之一，至今香火仍然非常旺盛。（图／华芳照相馆）

外销银商铺

1870 年,香港外销银老字号华隆与 CUM-WO 的商铺。清代是古代中国出口银器的辉煌时期,中国银器一度被欧美上流社会奉为时髦之物,工艺十分精美。图中可见铺内各式银质工艺品,琳琅满目,反映出香港外销银器市场的发达。（图/John Thomson)

街头画师

约 1870 年,香港画像师。起初,不少外销画的作者是十八十九世纪到中国游历的西方艺术家,当时,来华的商旅、画家将西方绘画技法带到中国。一些中国画师学得技法之后,在广州及香港开设画室,大量绘制香港景色、人物花鸟,供西方商人购买,外销画的市场销量一度颇大。(图/John Thomson)

香港影像志
Hong Kong Images

016

第一章
香港时代影像

甲戌风灾

1874年,九龙油麻地遭台风吹袭后的景象。1874年9月22日,19世纪最大台风席卷香港,造成2500多人遇难,185艘渔船及35艘远洋轮船沉没,另有455艘船受损,财物损失达500万港元,被称为"甲戌风灾"。这次风灾促使了香港于1883年成立香港天文台。(图/华芳影相馆)

香港影像志
Hong Kong Images

第一章
香港时代影像

香港保良局总理合影

1878年11月8日，港商卢赓扬、冯普熙、施笙阶、谢达盛等联名上书港督轩尼诗爵士，请准设立保良公局，以保民安良为宗旨，筹集资金，缉拿拐卖妇女的拐匪。1882年《保良局局章》刊于《宪报》。图为早年的保良局总理穿上清朝官服的合照。当时总理一职皆向清廷捐官所得。（图／保良局历史博物馆）

香港早期消防队

1880年前后,香港消防队。1868年,香港成立了最早的现代消防队,成员是召集的志愿者。(图/佚名)

巡街的香港警察

1880年,皇后大道闹市区,警察手中均有一盏煤油灯,为晚间巡视照明所用。(图/佚名)

第一位华人非官守议员

1880年,香港立法局第一位华人非官守议员伍廷芳。行政局和立法局是协助香港总督行使权力的左右手,华人被长期排斥在外。直到19世纪晚期,华人才在立法局拥有了一个象征性的席位。(图/佚名)

香港影像志
Hong Kong Images

皇后大道

1890年前后,商铺林立的皇后大道。皇后大道是香港开埠后修建的第一条市中心主要道路,俗称"大马路",于1842年由滨海小路改造而成,以纪念维多利亚女王而命名,香港会所、高等法院、邮政总局、香港大药房、汇丰银行、渣打银行等均位于这条街上。(图/佚名)

教会女子学堂

19世纪末,教会女子学堂。教室四周悬挂世界地图及基督教内容对联,学童及教师皆为女性。(图/David Knox Griffith)

第一章
香港时代影像

太平山山顶缆车

1890年代的太平山山顶缆车。山顶缆车于1888年5月30日起运作，往返于香港岛中环花园道和太平山炉峰峡，是当时香港开埠初期最早运作的机动公共交通工具，也是亚洲第一条缆索铁路。（图／佚名）

街头保险公司上色照

1890年代,香港街头济安保险公司上色照。保险业是香港经济活动中发展最早的行业之一,长期以来在香港经济中占有重要地位。最早可追溯至19世纪初创办于广州的谏当保险公司(Canton Insurance Office Ltd.)和于仁保险公司(Union Insurance Society of Canton)。(图/佚名)

第一章
香港时代影像

处决海盗

1891年4月17日,九龙域大鹏协副将方裕处决劫持南武号轮船的海盗,邀请香港英方官员前往监斩,香港的摄影师前去拍照,其中有1张照片被用于当时的明信片图案,广为流传。
(图／佚名)

鼠疫暴发

1894年5月,太平山街爆发大规模鼠疫。9月底,鼠疫逐渐消退,期间共夺去2547人的性命。图为香港防疫人员清理染疫房屋。(图／佚名)

东华医院新院奠基典礼

1898年,辅政司骆克出席东华医院新院奠基典礼。东华医院于1870年3月26日成立,是香港最早建立的华人医院。1931年,东华医院与后来成立的广华医院及东华东院合称"东华三院",是当时香港最大的慈善机构。(图/佚名)

新界勘界

1898年,英国强迫清政府签订《展拓香港界址专条》。1899年中英双方代表进行划界谈判,并勘划北部陆界界址。图为当年3月中英勘界代表在沙头角海旁勘界的情景。中方代表为王存善(左前方手持纸扇者)和英方代表为骆克(手扶界桩者)。照片的拍摄地点在中英街一号界碑处。(图/The National Archives)

皇后行

1901年的皇后行。建于19世纪末,位于中环的新古典主义建筑,1963年拆除。(图／B.W.Kilburn Company)

蒸汽船"沙市"号下水

1910年,太古船坞建造的第一艘蒸汽船"沙市"号下水。太古洋行于 1900 年在太古炼糖厂旁边兴建太古船坞,后来成为香港最大的船坞。(图/佚名)

香港大学

香港大学早期的明信片。1912年3月11日,香港大学本部大楼建成启用,香港第一所大学成立。(图／佚名)

砵典乍街

1920 年前后的砵典乍街,即中环石板街。直至 20 世纪 50 年代,轿子仍是香港常见的交通工具。(图/佚名)

油麻地佐敦道

1920年前后的油麻地佐敦道。(图／佚名)

香港海员大罢工

1922年1月12日至3月8日,香港海员为反抗英国资本家的压迫和剥削举行罢工,史称"海员大罢工"。图为3月6日港英当局将工会匾额送还,香港海员和市民欢庆罢工胜利。(图／黎民伟摄,黎锡提供。)

省港大罢工

1925年6月至1926年10月,香港和广州的20万工人先后举行罢工,声援上海人民的反帝斗争,史称"省港大罢工"。图为参加示威游行的罢工工人。

(图／佚名)

半岛酒店

　　1926年的半岛酒店,旁为基督教青年会。1928年正式开业的半岛酒店在建成后一度被英军征作军营。日占期间,酒店曾改名东亚酒店。（图／佚名）

电车总站

20世纪30年代,香港铜锣湾的电车总站。(图/佚名)

行政局第一位华人非官守议员

1926年,华人在行政局有了一个象征性的席位。图为行政局第一位华人非官守议员周寿臣与妻子合影。(图/Alamy/CFP)

旧时居民全家福

1926年,屏山旧时居民邓伯润全家福。(图/邓圣时提供)

香港足球队访问澳大利亚签名合影

　　1927 年,香港足球队访问澳大利亚签名合影,中排右数第三人是当时被称为"中国球王"的李惠堂。中华体育会是香港一支老牌足球队,成立于 1926 年,曾经连续三届夺得香港甲组足球联赛冠军。(图／悉尼雷利照相馆)

蔡元培在香港大学

1931年，曾任北京大学校长的著名教育家蔡元培应香港大学中文学会的邀请，在香港大学大礼堂公开演讲。图片为蔡元培与中文学院师生合影，前排左八为蔡元培。（图／香港大学提供）

"美人鱼"杨秀琼

1933年10月,15岁的杨秀琼代表香港队,参加在南京举办的旧中国第五届全国运动会,囊括全运会女子游泳全部金牌,"美人鱼"的雅号不胫而走。(图/佚名)

穿旗袍的女士

三位穿旗袍的香港女士合影,他们的服饰和发饰具有二十世纪三四十年代我国大城市女性的典型特征。(图/佚名)

码头

约 1930 年前后,九龙繁忙的码头。(图/Getty Images/CFP)

第一章
香港时代影像

抗日宣传

1938年7月19日，香港街头的抗日宣传海报。（图/AP Photo/CFP）

英占时期的香港（1841—1997年）

日占时期
（1941—1945年）

　　1941年12月8日，日军进攻香港。经过18天的战斗，英军宣告投降，香港进入三年零八个月的苦难岁月。日军在香港抢劫物资，滥杀无辜，强迫归乡，市民饥寒交迫，挣扎在死亡线上。

　　香港沦陷期间，中国共产党领导的抗日游击队东江纵队港九大队是一支成建制、由始至终坚持抵抗的抗日武装力量。他们机动灵活地在农村、海岛、海上和市区开展游击战，并与盟军配合作战，极大地干扰了日军的战略部署。

第一章　香港时代影像

香港战役

1941年12月8日，日军入侵香港，香港保卫战爆发。图为进入香港街头的日军。（图／Gaopinimages）

签订《停战协议》

1941年12月25日，经过18天的抵抗之后，英军宣布投降。图为半岛酒店内的受降仪式。右二是日军司令酒井隆。三名英军将领望着不在画面中的港督杨慕琦。（图／Alamy/CFP）

第一章 香港时代影像

归乡市民

日占时期,在码头等待归乡的香港市民。许多人并不知道,归乡之路很可能变成死亡之路。(图/高添强提供)

香港陆海空军官兵留影

  1941年12月29日,陈策将军率领香港陆海空军官兵由港突围抵达惠州留影。陈策,国民党海军广东舰队名将,1937年抗战全面爆发后,以海军部次长、广州江防司令的身份,督战虎门要塞。1938年诱使日军登陆虎门,在海上歼灭日军数百人。陈策亦在这次战役中被日军炮火击中,左腿被截去,得"独腿将军"尊称。1941年12月,他又以中国驻香港最高军事指挥官身份指挥"香港突围",带领部分英国官兵成功撤退,因此被英国政府授予"大英帝国爵士"称号,成为享此荣誉的唯一中国人。(图/佚名)

港九大队

中共领导的抗日游击队东江纵队港九大队是香港沦陷期间一支由始至终坚持抵抗的抗日武装力量。图为港九大队海上中队作战使用的木船。图是港九大队海上游击队中队长罗欧锋所摄。（图／刘蜀永提供）

1944年3月18日，东江纵队司令员曾生（左二）安排获港九大队营救的美国飞行员克尔中尉坐轿离开司令部所在地土洋村。（图／东江纵队历史研究会提供）

美军袭击太古船坞

1945 年 1 月 16 日，日军占领的太古船坞遭到美军袭击，几乎被夷为平地。（图／佚名）

日军签署投降协议

1945年9月16日，在中国代表潘国华少将、美国代表威廉臣上校和其他同盟国代表的陪同下，夏悫少将在总督府正式接受驻港日本陆军司令冈田梅吉少将和日本华南舰队指挥官藤田类太郎中将的投降。图为香港半岛酒店，日军签署投降协议书。（图/State Library Victoria）

英占时期的香港（1841—1997年）

抗战胜利后城市发展
（1945—1997年）

  20世纪50年代初，以美国为首的西方国家对新诞生的中华人民共和国实行经济封锁，香港被迫经济转型，走上工业化的道路。英国的自由港政策，新中国对港"长期打算，充分利用"的方针，以及港人灵活的头脑，诸多因素促成了香港经济的高速发展。基层劳动者不能及时分享到经济发展的成果，曾经使香港社会动荡不安。为缓和社会矛盾，特别是为了增加在未来中英香港前途谈判中的筹码，港督麦理浩曾实行一系列社会改革。

  20世纪80年代的中英谈判和国家的改革开放也是影响香港城市发展的重要原因。在政治、经济和社会发展的大背景之下，市民日常生活的车轮仍在缓缓移动，展示出五光十色的东方城市风貌。

第一章
香港时代影像

粤剧名伶返港

1945年,抗战胜利后,粤剧名伶关德兴返港,在尖沙咀火车站受到民众的热烈欢迎。(图/佚名)

星岛体育俱乐部

1947年9月13日,香港星岛体育俱乐部的业余足球运动员前往伦敦参加巡回赛首场比赛,对阵德威治·哈姆雷特(Dulwich Hamlet)。(图/Getty Images/CFP)

057

新华社香港分社

　　1947年5月新华通讯社香港分社成立，地点在九龙弥敦道172号2楼，首任社长乔冠华。当时是中国共产党在香港的办事机构。图为1948年的新华社香港分社。中华人民共和国成立之后，新华社香港分社成为中央政府驻香港最高代表机构。2000年1月18日，新华社香港分社更名为中央人民政府驻香港特别行政区联络办公室，简称中联办。（图/Jack Birns）

华商报在香港

1946—1949 年间,《华商报》在香港的办公室。1941 年 4 月 8 日,中国共产党在香港创办的第一份具有统一战线性质的中文报纸《华商报》正式出版,范长江任社长。1941 年 12 月 8 日,日军进攻香港。12 日,《华商报》停刊。1946 年 1 月,该报复刊。(图 /Jack Birns)

耕种

1948年,香港农民去田间耕种。(图/简庆福)

民主人士北上参加新政协会议

1949年2月,应中共邀请,陈叔通、柳亚子等民主人士离开香港前往北平参加新政协会议,途中在华中轮上合影。一排左起:方瑞、郑小箴、包启亚;二排左起:包达三、柳亚子、陈叔通、马寅初;三排左起:傅彬然、沈体兰、宋云彬、张纲伯、郑振铎、叶圣陶、王芸生。(图/佚名)

升五星红旗庆祝新中国成立

1949年10月1日,港九工会联合会在骆克道会所升起五星红旗,庆祝中华人民共和国成立。
(图／香港工会联合会提供)

荷兰公司在香港

　　1951年,荷兰好时洋行在香港的职员。香港作为自由贸易港,世界著名的金融中心,吸引着无数企业投资者前来投资贸易。(图/佚名)

街头"写信佬"

20世纪50年代,街头的写信摊档。20世纪40年代,大批逃避战乱的内地人来到香港,他们大都来自草根阶层,没有机会接受教育,只能靠别人代笔写信与内地的亲友联络。一些识字之人开始在街边摆设摊档,以提供读信、代写书信、报税、申请领牌等服务,而专门以此糊口的人则被称作"写信佬"。到了20世纪60年代中期,写信行业已经成行成市。20世纪80年代以后,香港普及教育,书信摊的生意日渐式微。(图/Getty Images/CFP)

第一章
香港时代影像

中环舞狮

1953年,市民在中环舞狮。香港保留了不少中国传统习俗。(图/South China Morning Post/Getty Images/CFP)

石硖尾特大火灾

 1953 年 12 月 25 日，香港九龙石硖尾发生特大火灾，焚毁房屋 7000 多间，受灾人口达 6 万多人。为了安置灾民，当时政府在原址兴建 H 型的徙置大厦，这便是石硖尾徙置区。自此之后，政府开始兴建公共房屋，屋宇建设委员会亦在这个背景下成立。（图／佚名）

内地救济香港灾民

1954年1月,香港华商总会和工联会受中国人民救济总会粤穗分会委托,在界限街陆军球场和枫树街长沙湾球场,向石硖尾大火灾民发放慰问金和救济米。(图／刘蜀永提供)

亚洲冻房公司启业志庆

　　1954 年，亚洲办馆公司（前身亚洲公司）成立亚洲冻房有限公司志庆合影。亚洲办馆公司由广东开平人何伯恺于 1925 年创立，经营伙食供应生意。1954 年又成立亚洲冻房，提供高、低温冷库及速冻设施。20 世纪 20 至 70 年代，其分店门市发展到数十家，成为香港现代大型超市的先驱。（图／何树炯提供）

香港警校威海卫队合影

1956年，香港警校最后一批威海卫籍学员的毕业照。从1923年起，部分山东威海人陆续被招募为香港警察，人称"香港威海卫警察"，也有人泛称其为鲁警。二战以后，香港警队交通部和冲锋队曾经几乎全部是威海卫籍警察。照片二排左四为图片提供者吴传忠。（图／吴传忠提供）

木屋区

约 1958 年，杂乱的木屋区。远处是正在建设的七层楼公共屋邨，以取代这些简陋的居所。寮屋在香港是指非法占地而建的临时居所，其建筑通常相当简陋，大多以铁皮及木板等搭建而成，所以又俗称铁皮屋、木屋。（图/Three Lions/Getty Images/CFP）

庆祝国庆节

1958年10月1日,香港街头飘扬着庆祝国庆节的旗帜。(图/AP Photo/CFP)

乡村集市

1960年春,香港的乡村集市。香港虽然是一个现代都市,但也保存着很多具有传统风俗的乡村风俗。(图/South China Morning Post/Getty Images/CFP)

太平清醮

1961年,长洲太平清醮。长洲太平清醮是香港的传统节日,亦是该小岛一年一度的大庆典,抢包山比赛和飘色会景巡游是其两大亮点,寄托了百姓祛邪、避灾、祈福的美好愿望。2011年6月,长洲太平清醮被列入第三批国家级非物质文化遗产名录。(图/South China Morning Post/Getty Images/CFP)。

天台小学

1960—1970年，天台小学在香港十分普遍。当时适龄学童人数急剧上升，正规小学校舍的数量供不应求，政府便拨出公共屋邨的天台空地，供慈善团体筹办学校。1966年9月，位于香港仔田湾邨的"保良局总理联谊会甲辰小学"正式开课，以低廉学费招收区内学童。后来，随着香港正规小学校舍陆续落成，天台小学逐渐被取代，甲辰小学亦于1985年停办。（图/South China Morning Post/Getty Images/CFP）

第一章
香港时代影像

排队取水

1963 年，香港缺水，市民排队接水。（图 /South China Morning Post/Getty Images/CFP）

橱窗内的大新闻

1964年,香港街头,民众站在橱窗前看中国第一颗原子弹爆炸成功的消息。(图/Getty Images/CFP)

传送奥运圣火

1964 年,第 18 届奥运会在日本举办,香港首次接力传送奥运圣火。(图／邱良)

香港影像志
Hong Kong Images

造船

　　1965年，香港鸭脷洲，工人在造船。香港仔及鸭脷洲是全港最大的渔民小区。鸭脷洲曾经有大规模的造船厂及船只维修业，规模冠绝全港，还保留了香港唯一的木造龙舟技术。（图／South China Morning Post/Getty Images/CFP）

巴士总站

1968年，佐敦道码头的巴士总站。该站位于九龙油尖旺区佐敦西南海傍，于1924年建成，1996年码头被拆除，2003年因西九龙填海，巴士总站的路线迁往佐敦（汇翔道）。佐敦道码头巴士总站是昔日九龙巴士线路最多的总站，亦是1950—1960年所有新界路线在尖沙咀的终点站。（图／邱良）

移民

1968年,九龙园艺街,从澳门和台山迁入香港的移民。20世纪60年代是香港经济的转折点,特别是大量的内地居民涌入香港后,香港人口增至300多万。(图/刘博智)

第一章
香港时代影像

展示服装

1968年,香港制造业转热,图为纺织厂的模特在荃湾街道上展示服装。(图/South China Morning Post/Getty Images/CFP)

中秋月饼广告

1969年,一家店铺的中秋节月饼广告画面是刚刚登月成功的阿波罗11号宇航员。(图/佚名)

惠康超市开业

1970年9月9日,香港惠康超市开业,这是香港第一家自助式商店。惠康成立于1945年,后发展为香港最大型,历史最悠久的连锁超级市场。(图/S.H.Chu/South China Morning Post/Getty Images/CFP)

香港影像志
Hong Kong Images

第一章
香港时代影像

中美乒乓外交

1971年4月10日,美国乒乓球运动员格伦·科恩经香港,由罗湖口岸入境进入内地。1971年春,第三十一届世界乒乓球锦标赛在日本名古屋举行。正是在这届锦标赛上,中美之间开始了改变世界格局的"乒乓外交"。(图/AP Photo/CFP)

"伊丽莎白皇后"号邮轮失火

1972年1月9日,"伊丽莎白皇后"号邮轮失火。"伊丽莎白皇后"号(RMS Queen Elizabeth)是当时世界上最大和最豪华的邮轮,全长314.25米,排水量达83600吨,有"大西洋第一夫人"之称。1938年9月27日于英国建成下水,第二次世界大战期间曾用作运兵船,1946

第一章
香港时代影像

年起主要服务于大西洋两岸。1971 年，香港船商董浩云斥资 320 万美元购入该邮轮，计划将其改装成一所流动大学，命名为"海上学府"。没想到改装临近完成时发生大火，邮轮被完全焚毁。该火灾是香港历史上最大的海上火灾。（图／South China Morning Post/Getty Images/CFP）

小商贩一家

20世纪70年代初,香港典型的"南货铺"小商贩家庭合影。(图/蒙敏生)

第一章
香港时代影像

婚礼上穿喇叭裤的青年人

20世纪70年代中期,香港文府喜宴上穿着喇叭裤的青年人。20世纪60年代,喇叭裤伴随美国电影、音乐,以及猫王流传到世界不同角落,20世纪70年代左右在香港成为潮流。1973年,在皇后像广场举办的"第三届香港时装表演"就有女模特以紧身喇叭裤示人,被评为"款式新颖和大胆,可以媲美欧美时装"。(图/蒙敏生)

葛柏入狱

  1975年2月,香港警队总警司葛柏(左)因贪污罪入狱。20世纪70年代以前,香港社会贪污状况非常严重。1974年2月15日,香港立法局通过《香港特派廉政专员公署条例》,宣布成立廉政公署。廉政公署的成立让香港的反贪工作赢得全球的广泛赞誉。(图/South China Morning Post/Getty Images/CFP)

赶制玩具订单

1977年,香港观塘女工忙于赶制来自欧美的圣诞节玩具订单。二战后,玩具业逐渐成为香港的新兴工业。随着日本等地的生产成本上涨,海外品牌纷纷来港寻找厂商代工生产(OEM),大大提高了香港本地玩具生产规模及技术。(图/South China Morning Post/Getty Images/CFP)

香港影像志
Hong Kong Images

第一章
香港时代影像

赛龙舟

1977年6月21日，筲箕湾避风塘，划手们在龙舟赛中奋力竞争。1976年，香港于筲箕湾避风塘首次举办国际龙舟邀请赛，从而掀开了龙舟活动现代化、国际化、规范化的序幕。（图/Yau Tin-kwai/South China Morning Post/Getty Images/CFP）

首航

  1978年10月12日,中国民航广州管理局开辟内地广州—香港的首航航线,图为包机首航团到达启德机场。(图/C.Y.Yu/South China Morning Post/Getty Images/CFP)

第一章
香港时代影像

香港地铁通车

1979年10月1日,香港地铁通车时的场面。当时只提供观塘站至石硖尾站的服务。(图/Yau Tin-kwai/South China Morning Post/Getty Images/CFP)

香港影像志
Hong Kong Images

第一章
香港时代影像

第一批运往内地的可口可乐

1979年1月23日，可口可乐从香港运往内地。1978年12月13日，可口可乐公司与中国粮油进出口总公司在北京饭店签订协议。协议规定，美国采用补偿贸易或其他支付方式，向中国主要城市和游览区提供可口可乐制罐、装罐及装瓶设备，在中国开设专厂灌装并销售。可口可乐在撤离内地30年后重返。（图／South China Morning Post／Getty Images／CFP）

中环街头

1980年1月,广告林立的中环街头。中环是香港的政治及商业中心,很多银行、跨国金融机构及外国领事馆都设在中环。香港的政府总部、立法会大楼、终审法院以及港督府(今礼宾府)也位于此。(图/Nik Wheeler/Corbis/Getty Images/CFP)

香港影像志
Hong Kong Images

第一章
香港时代影像

中英街巡逻

1985年秋,粤港双方巡警在中英街3号界碑附近巡逻、站岗的情景。前排左起为香港警长冯宝胜、警署警长姚志明,广东边防六支队十三中队战士张求华、班长钟军。(图/何煌友)

香港联合交易所正式营运

1986年4月2日,香港证券交易所、远东证券交易所、金银证券交易所、九龙证券交易所四会正式合并,联合交易所开始运作,并成为香港唯一的证券交易所,香港证券市场进入一个新时代。联交所交易大堂设于香港交易广场,采用电脑辅助交易系统进行证券买卖。(图/Dick Fung/AP Photo/CFP)

第一章　香港时代影像

香港股灾

　　1987年，香港股灾。图为交易所内痛哭流涕的股票交易员。（图／South China Morning Post/Getty Images/CFP）

香港影像志
Hong Kong Images

中国银行新厦

1989年，高达70层的中国银行新厦在香港岛金钟落成。该大厦由美籍华人建筑师贝聿铭设计。（图/Getty Images/CFP）

建设时代广场

  1991年1月1日,时代广场42层的建筑工人,下面可见跑马场。时代广场于1994年4月正式开幕,是香港最大型的购物中心之一。(图/Gerhard Joren/LightRocket/Getty Images/CFP)

半山自动扶梯

1993年10月29日,半山自动扶梯。半山自动扶梯于1993年10月15日建成,全长800米,垂直差距为135米,由20条可转换上下行方向的单向自动扶手电梯和3条自动行人道组成,连接香港中环商业区与半山区的高端住宅区,是世界上最长的露天自动扶梯系统。(图/Alain BUU/Gamma-Rapho/Getty Images/CFP)

第一章
香港时代影像

宝莲寺天坛大佛开光典礼

1993年12月29日,香港大屿山宝莲寺天坛大佛举行开光典礼。佛像坐在268级石阶上,由207块铜片组成,耗资6000万港元。(图/SING TAO/AFP/Getty Images/CFP)

李丽珊获奥运金牌

1996年7月29日,在亚特兰大奥运会上,李丽珊为中国香港代表团首夺奥运金牌,也是在奥运帆板项目夺得金牌的第一个香港人。图为李丽珊在比赛中。(图/PASCAL GUYOT/AFP/Getty Images/CFP)

裕华国货

1996年12月1日,夜幕下的裕华国货。裕华国货公司总部位于港岛佐敦道,创办于1959年,以服务大众,薄利多销,推广国货为宗旨。初期,公司绝大部分商品来自中国内地,20世纪70年代末开始引入港产百货用品和名优外埠产品,并开设专柜经营。(图/Weller/Ullstein Bild/Getty Images/CFP)

青马大桥

1997年1月1日，建设中的青马大桥。青马大桥是香港葵青区青衣岛与荃湾区马湾岛的主要通道，是青屿干线道路的组成部分之一。青马大桥于1992年5月25日动工兴建，1997年5月22日通车运营。青马大桥东起青衣岛，上跨马湾海峡，西至马湾岛，线路全长2160米，项目总投资额72亿港元。（图/Michael Yamashita/Getty Images/CFP）

第一章
香港时代影像

香港会展中心

　　1997年1月1日，香港会议展览中心。香港会议展览中心（简称香港会展中心）位于香港湾仔，是香港区海边最新建筑群中的代表之一。除了用作大型会议及展览，这里还有两座五星级酒店、一幢办公大楼和一幢豪华公寓。它的新翼由填海扩建而成，内有大礼堂及大展厅数个，分布于三层建筑之中，是世界最大的展览馆之一。1997年7月1日，香港回归中国大典亦在此地举行，成为国际瞩目的焦点。（图／Viviane Moos/Corbis/Getty Images/CFP）

回归后的香港（1997—2024年）

1997年，香港回归祖国，走上了同内地优势互补、共同发展的道路。在"一国两制"框架之下，香港居民依法享有的基本权利和自由，受到宪法、香港基本法以及香港本地法律的充分保障。回归后，香港受到两次金融危机和疫情的冲击，但是在中央政府的大力支持下，香港经济仍保持繁荣发展的良好趋势。回归以后，香港与祖国内地的关系也比过去更加密切。

2019年，香港发生"修例风波"，一度出现"港独"猖獗，"黑暴"横行的严峻局面。关键时刻中央政府果断出手，制定《香港国安法》，完善香港特别行政区选举制度，令香港实现由乱到治的历史性转变，"一国两制"进入新的发展阶段。

第一章
香港时代影像

1997 香港人物像

1997年，回流香港寻职的加拿大华人。（图／刘博智）

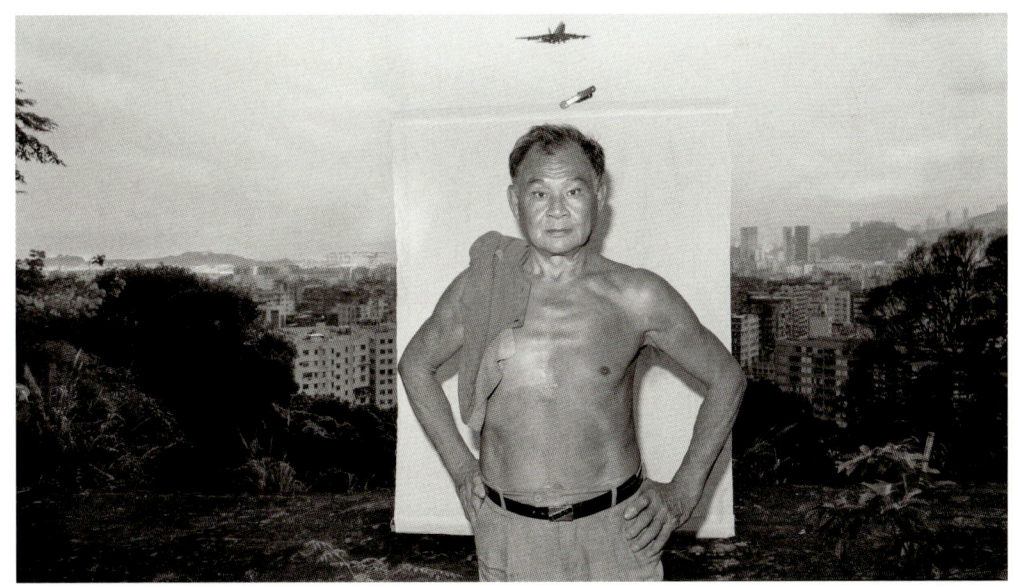

1997年，在香港郊区留影的老人，他背后是启德机场。（图／刘博智）

香港影像志
Hong Kong Images

第一章
香港时代影像

新旧香港长官

1997年，香港回归前，末代香港总督彭定康与候任香港特区行政长官董建华在港督府会晤。（图／贾国荣／CNSPHOTO）

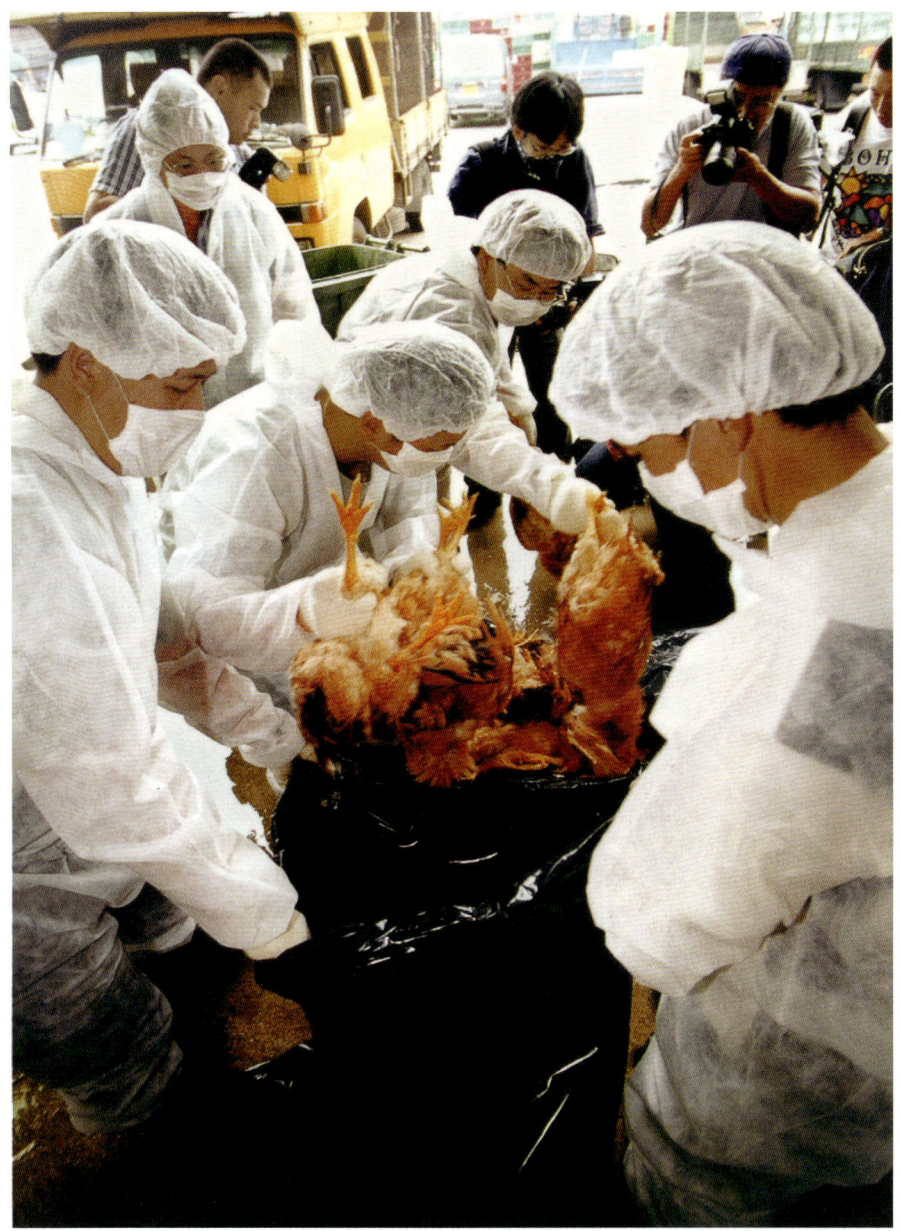

对抗禽流感

1997年5月,香港首次发现一名3岁男童染上禽流感(H5N1)。1998年1月11日,香港再次暴发禽流感,6人死亡。特区政府果断采取杀鸡行动,将全港130万只活鸡全部销毁,以防止病毒蔓延,此举得到世界卫生组织高度肯定。(图/CNSPHOTO)

第一章 香港时代影像

击退国际炒家

1998年8月中旬,面对国际炒家对香港汇市、股市和期货市场的连番冲击,在中央政府的大力支持下,特区政府动用约1000亿港元的外汇基金入市,成功击退国际炒家,维护了香港股市和汇市的稳定,被称为金融领域的"世纪大战"。图为1998年8月28日,香港股市恒生指数收市报7829点,成交额高达790亿多港元,创历史新高,香港各家传媒纷纷将焦点对准了香港联合交易所的交易大厅。(图/South China Morning Post/Getty Images/CFP)

24 小时通关服务

2003 年 1 月 27 日零点起，香港落马洲管制站实施 24 小时旅客通关服务，图为首辆从落马洲通往深圳的穿梭巴士。（图／潘索菲／CNSPHOTO）

SARS 时期的学生

2003 年 3 月 28 日,香港学生在课堂上戴口罩,以预防当时致命的 SARS 疫情。(图/PETER PARKS/AFP/Getty Images/CFP)

香港国际金融中心二期落成启用

2003年7月,香港国际金融中心。经过3年半的施工,楼高88层、共420米高的香港国际金融中心二期落成启用。当时,该楼位居全球第五高摩天大厦。(图/潘索菲/CNSPHOTO)

杨利伟访港

2003年11月1日,中国首飞航天员杨利伟在香港出席"中国首次载人航天飞行展",并为该展览海报签名。2003年10月15日,杨利伟执行"神舟五号"载人航天飞行任务,成为中国第一位进入太空的航天员。(图/潘索菲/CNSPHOTO)

香港百年唐楼

  2003年12月27日,湾仔百年历史唐楼被定为市建局首个文物保育项目,让市民重温香港历史一页。唐楼在香港广府话里,指具有传统广府民居建筑特色,但没有卫浴设施的居住及商业建筑。"唐"是相对于西式建筑"洋楼"而言,亦是广府人对本族群的称谓。(图／洪少葵／CNSPHOTO)

第一章
香港时代影像

街头杂志摊

2004年11月13日,街头琳琅满目的杂志摊。香港杂志业竞争激烈。(图/王瑞)

抢包山

2005年5月15日,香港长洲岛举办飘色巡游和"抢包山"活动。"抢包山"是香港独具特色的传统节庆活动。1978年曾发生包山坍塌事件,导致24人被压断手脚,抢包山比赛自此停办,直至2005年才开始恢复。(图/邓庆乐/CNSPHOTO)

第一章
香港时代影像

迪士尼乐园正式开园

2005年9月12日,香港迪士尼乐园正式开园,占地126公顷,是中国第一座迪士尼乐园。(图/MN Chan/Getty Images/CFP)

住笼屋的人

2006年3月,74岁的梁学健晚上在大角咀的笼屋里。在寸土寸金的香港,街头巷尾到处隐藏着被称为笼屋、棺材房、劏房的狭小居所。香港的住房问题亟待解决。(图/Olivier CHOUCHANA/GammaRapho/Getty Images/CFP)

第一章
香港时代影像

外籍佣工周日聚会

　　2006年5月30日,香港劳工处宣布,从2006年5月31日开始,在港外籍家庭佣工调高80元,月薪为3400元。图为外籍佣工周日聚会场景。（图／赵振清／CNSPHOTO）

新天星码头

2006年11月12日，耗资2.6亿，室内设计和装修费用约1200万港元的香港新天星码头开始营运。新码头仿照1912年天星码头建筑风格，设有海滨长廊、观景台、露天茶座，将怀旧情怀与现代生活融合。新钟楼是从荷兰特别订制的，是全港首个全球定位系统调校时间的室外大钟。（图／洪少葵／CNSPHOTO）

第一章
香港时代影像

看橄榄球的少女

2007年，观看香港国际七人橄榄球赛的少女。（图／陈一年）

香港影像志
Hong Kong Images

庆祝回归十周年

2007 年 7 月 1 日，香港市民庆祝回归十周年的盛大游行。（图／刘蜀永）

香港电车上的人民币广告

2012年6月14日,香港电车上的人民币广告。(图/洪少葵/CNSPHOTO)

香港影像志
Hong Kong Images

第一章
香港时代影像

2012年香港货运码头

2012年10月31日，香港码头的集装箱，远处是昂船洲大桥。香港是全世界第四大吞吐量的集装箱港口。
（图/TIM LESTER/Gaopinimages）

133

兰桂坊音乐啤酒节开幕

2013年7月13日，第十届兰桂坊音乐啤酒节在香港兰桂坊拉开序幕。兰桂坊是位于香港中环区的一条呈 L 型的上坡小径，由德己立街、威灵顿街、云咸街、安里、仁寿里及荣华里构成的一个聚集大小酒吧与餐馆的中高档消费区，深受年轻一代游客的欢迎，是香港的特色旅游景点之一。（图／洪少葵／CNSPHOTO）

庙街夜市

2014年8月10日,旺角庙街。庙街位于九龙油麻地,是香港一条极富特色的街道,同时也是香港最负盛名的夜市。很多电影都曾在此取景。庙街以售卖平价货的夜市而闻名,被喻为香港的"平民夜总会"。(图/刘蜀永)

E 形建筑

2016年7月17日，位于香港鲗鱼涌的巨厦，是由福昌楼、益昌楼、益发楼、海山楼及海景楼5栋大厦合体而成，形状为E形的建筑物，吸引众多游客和摄影师到此参观。（图／谢光磊／CNSPHOTO）

谭公爷诞辰飘色巡游

  2017年5月3日,香港筲箕湾锣鼓喧天,庆祝民俗庆典"谭公诞"。谭公与妈祖一样,都是海上的守护神。农历四月初八是谭公爷诞辰,位于筲箕湾谭公庙每年都有盛大贺诞飘色巡游,为谭公爷贺寿,祝愿区内民丰物阜、社会安宁,小贩们安居乐业。谭公爷诞辰飘色巡游,现已成为香港东区最大的旅游特色之一。(图/洪少葵/CNSPHOTO)

第一章
香港时代影像

元朗天后诞大巡游

农历三月二十三是"海上守护神"天后娘娘(妈祖)的诞辰。2018 年 5 月 8 日上午,元朗举行十八乡天后诞会景大巡游。来自当地乡镇的近 30 支花炮队伍大张旗鼓,在舞龙、舞狮和"英歌舞"等表演团队的助阵下,浩浩荡荡向大树下天后庙行进,沿途大批市民和游客争睹巡游盛况。(图/张炜/CNSPHOTO)

港珠澳大桥

2018年7月17日，从香港大屿山远眺港珠澳大桥香港连接线与东人工岛。港珠澳大桥于2018年10月24日上午9时正式通车。港珠澳大桥全长55公里，集桥、岛、隧于一体，是世界最长的跨海大桥。（图／张炜／CNSPHOTO）

重庆大厦

2018年12月2日，重庆大厦。重庆大厦于1961年落成，是一座混合型大厦，拥有众多宾馆、商店、食肆、外汇兑换店及其他服务行业。大厦内的住客主要是香港的少数民族，包括印度和巴基斯坦等南亚裔，以及来自非洲国家的人，被喻为"香港少数族裔的九龙城寨"。它被美国《时代》周刊选为亚洲最能反映全球化的地方，也是最能反映香港多元文化特色的地方。电影《重庆森林》就取材于此。（图／吴军／CFP）

第一章
香港时代影像

西九新地标——戏曲中心

2019年1月20日，毗邻高铁西九龙站的香港西九文化区戏曲中心正式开幕。戏曲中心外形酷似传统中国彩灯，大门设计形若舞台帷幕，步入其中犹如踏上舞台的台板。（图／谢光磊／CNSPHOTO）

春秧街露天街市

2019年2月3日,一辆叮叮车缓缓驶入位于香港北角的春秧街露天街市。这里人头攒动,各种年货琳琅满目,众多市民前来购买年货。春秧街已有近百年的历史,是香港著名的特色街市,叮叮车驶入露天市集,被香港旅发局推介成香港旅游景点之一,吸引不少内地和世界各地游客观光。(图/张炜/CNSPHOTO)

黄大仙祠抢头香

2019年2月4日除夕夜,黄大仙祠人头攒动,众多善男信女争上头炷香,为即将到来的新年祈福。图为子时将至,第一批善男信女涌向香台,工作人员用力顶住香台,以防万一。(图／张炜／CNSPHOTO)

香港礼宾府向市民开放

2019年3月17日,香港特区行政长官官邸"香港礼宾府"举行开放日活动,众多市民前来参观这座拥有160多年历史的香港法定古迹。图为市民在礼宾府拍照留念。(图/张炜/CNSPHOTO)

香港人口突破 750 万

2020年2月18日,政府统计处发布数字:2019年底香港人口突破750万;与2018年底相比,增长率为0.2%。图为2019年8月,香港宝宝和家长大合照。(图/张炜/CNSPHOTO)

香港影像志
Hong Kong Images

疫情下的复活节

  2020年4月12日，以往游人如织的尖沙咀文化中心观景平台十分冷清。为防控新冠病毒疫情，香港特区政府继续实施"限聚令"，劝谕市民不要聚集。4月15日，香港旅游发展局公布初步统计数据，3月访港旅客约8.2万人次，按年下跌约99%。（图／张炜／CNSPHOTO）

露天电影

2021年4月2日,众多观众在中环摩天轮下观看露天电影。(图／张炜／CNSPHOTO)

观塘音乐喷泉

2021年4月22日,耗资逾5000万元,位于观塘海滨花园的音乐喷泉启用。图为5月5日立夏,香港市民于观塘音乐喷泉玩水,享受欢乐时光。(图/李志华/CNSPHOTO)

第一章
香港时代影像

西九文化区

2021年5月16日，西九文化区，前景为香港故宫文化博物馆、画面左边是M+博物馆。2021年11月开幕的M+博物馆位于西九文化区，是香港文化新地标之一；2022年落成的香港故宫文化博物馆、2024年落成的西九文化区演艺综合剧场，丰富了香港的世界级文化艺术设施；2023年启用的东九文化中心会成为艺术科技重镇及培训摇篮。（图／张炜／CNSPHOTO）

香港影像志
Hong Kong Images

第一章
香港时代影像

北京冬奥会开幕式上的香港运动员

　　2022年2月4日,北京冬奥会开幕式上的中国香港运动员。北京冬奥会上,中国香港代表团派出三名运动员,为历届之最。(图/Yomiuri Shimbun/AP Images/CFP)

香港故宫文化博物馆正式开幕

　　2022年6月22日,香港故宫文化博物馆举行开幕典礼,7月2日正式开放予公众参观。2017年6月29日,北京故宫博物院与西九文化区管理局签署《兴建香港故宫文化博物馆合作协议》,正式启动项目。图为2022年6月16日,镶有玻璃门钉的香港故宫文化博物馆大门。(图／李志华／CNSPHOTO)

第一章
香港时代影像

香港回归 25 周年

　　2022 年 6 月 25 日,香港九龙东各地随处可见庆祝香港回归 25 周年的横幅和海报,喜庆气氛浓厚。图为坪石邨一住宅楼挂满国旗和区旗,吸引市民到场拍照。(图／陈永诺／CNSPHOTO)

香港春节烟花绚烂绽放

2024年2月11日，大年初二，香港农历新年烟花汇演如约而至，2.3万余发烟花在维港上空绚烂绽放。（图/Louise Delmotte/CFP）

CHAPTER TWO

第二章

香港影像故事

HONG KONG PICTURE STORY

香港影像志
Hong Kong Images

香港电影百年潮

|文·何威凤池|

2019年12月26日,难得一见的日偏食天象出现在香港上空,也照亮了高举明珠的金像奖女神。(拼图合成)(图/张炜/CNSPHOTO)

第二章
香港影像故事

电影是法国人发明的新艺术形式,第一部电影的诞生,不是在巴黎而是在里昂。而中国第一部电影的诞生,不是在上海而是在香港。诞生地是确定的,但何时,是哪一部影片却仍然是一个世纪"悬案"。

香港电影的初始(1910—1930 年)

有学者认为俄裔美国人布拉斯基(Benjamin Brodsky)的亚细亚影戏公司拍摄的短片《偷烧鸭》是第一部香港影片,拍摄于 1909 年。但由于短片《偷烧鸭》原片并没有人看到,因而无法查证。

2004 年,香港电影史专家罗卡先生根据在美国发现的史料发表了一篇《黎民伟与早期香港电影制作活动的再考察》的文章中提出了新的看法:据 1912 年 5 月 18 日出版的美国电影杂志《Moving Picture World》专访布拉斯基的专稿,罗卡推断:"《偷烧鸭》《庄子试妻》《瓦盆伸冤》同是布拉斯基在 1912 年 5 月后来香港设立华美公司展开制作后两年间的出品。"目前大多数电影史家较为接受 1913 年由黎北海导演,黎民伟编剧兼反串饰演庄子妻的《庄子试妻》为香港第一部电影。

161

黎民伟（1893—1953年），广东新会人，中国电影先驱，拍摄了大量中国早期电影史上的重要作品。（图／佚名）

1913年，黎民伟拍摄影片《庄子试妻》，男扮女装出演主角。（图／佚名）

　　1922年，黎民伟在香港银幕街创建民新制造影画公司担任厂长，次年在香港铜锣湾威菲路创办民新影片公司。1925年6月，广州爆发"沙基惨案"，香港当局派人半夜闯入黎家搜查，黎民伟便将"民新"摄影棚移至广州西关。黎民伟以同盟会会员的身份，获得了在广东拍摄关于广东革命政府军事活动纪录片的机会。我们现在看到的孙中山及北伐的大多数纪录片都是黎民伟摄制的。1926年，黎民伟与李应生合股，民新公司迁往上海，后成立上海民新公司，并与罗明佑合办了联华影片公司，开启了香港融资，上海制片发行的时代。

1947年，桑弧导演、张爱玲编剧的电影《太太万岁》在香港上映街头广告牌。（图／Jack Birns）

香港电影业的建立（1930—1950年）

中国电影刚刚起步时，中国战乱频仍。在不安的环境里，民众希望出个英雄或强势的领导者解脱现实中的困境，因此武侠电影是中国电影最早出现的形式之一，且多以《三国》《水浒》《封神榜》《儿女英雄传》《七侠五义》等传统小说、戏剧改编而来。1928年，《火烧红莲寺》开启了中国武侠电影的首个高潮，并在3年间拍了18集，形成了一个独特的影片样式——"火烧片"。

仅1929—1931年间，上海50多家影片公司就拍摄了250多部武侠神怪片，占全

1972年，港产片《北地胭脂》编剧兼导演李翰祥与女演员何莉莉、月华、邵音音等演职人员在香港邵氏片场。李翰祥（1926-1996年），中国香港电影导演、制片人、编剧。（图／邱良）

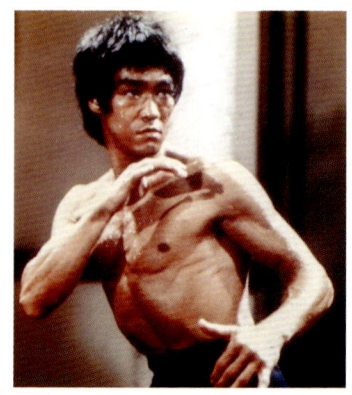

1973年，嘉禾影业和华纳兄弟在香港联合制作的电影《龙争虎斗》，主演李小龙。（图／佚名）

2000年1月28日，香港东魅网在北京饭店推出成龙个人专业网站，为成龙遍布全球的影迷提供围绕中国武术及成龙的独家个人内容资讯。图为成龙在媒体见面会上表演中国功夫。（图／张勤／CNSPHOTO）

部影片出品的 60% 以上。1930 年 11 月 3 日,《电影检查法》由当时国民政府教育部与内政部共同审议而成,其中共有 5 大类 46 小类电影"应即修剪或全部禁止"。法规非常全面,侮辱国人的、鼓吹阶级斗争的、有色情暴力内容的影片均在受限之列。结果一夜之间,拍摄武侠神怪影片的电影公司纷纷倒闭。之后不久,日本全面发动战争,上海的电影人逃难进入香港,也把拍摄武侠电影的思路带入香港。20 世纪 60 年代和 80 年代香港武侠电影崛起,武侠电影展现出迷人的风采。

香港电影的发展期（1950—1970 年）

二战后,香港电影开始发展起来。由于当时中国处于解放战争时期,不少上海电影人南下香港,其中包括张善琨、李祖永、周旋、白光等著名电影人。张善琨、李祖永二人成立永华影业公司,相继拍摄了《清宫秘史》等影片,带动了香港国语片的发展,促使国语片和香港本地的粤语电影交相辉映。由于东南亚对粤语片的需求增加,以致很多投机者都做起电影制作,所谓"七日鲜"（指粗制滥造的粤语片）制作充斥市场。

那些二次南下的上海影人创作的影片则以关注现实、聚焦普通百姓的生活为创作主题。以他们为主创力量成立的香港电影公司是长城、凤凰及新联电影公司,合称"长凤新"。长城、凤凰主要拍摄国语片,而新联主要拍摄粤语片。他们在 1949 年成立了华南电影工作者联谊会,坚持反映现实的创作观念,强调社会责任感的进步倾向。"长凤新"的经典作品有《三看御妹刘金定》《金枝玉叶》《王老虎抢亲》《三笑》《云海玉弓缘》《金鹰》等,"长凤新"明星包括夏梦、傅奇、石慧、陈思思、朱虹、李嫱、鲍方、关山、张冰茜、平凡、张铮、高远、江汉、王葆真、白茵、周聪等,旗下的著名导演有朱石麟、岳枫、李萍倩、胡小峰、陶秦、陈静波和罗君雄等。

新联与中联、光艺、华侨被称为粤语片四大公司,中联电影以提高粤语片水平为己任,成立时的 21 名股东是当时电影界台前幕后的精英,包括演员吴楚帆、白燕、张活游、紫罗莲、李清、容小意、黄曼梨、梅绮、小燕飞、张瑛、梅绮、姜中平,还有后来加入的马师曾及红线女夫妇。中联电影被称为"香港电影光荣旗帜",代表

1993年2月26日,香港影视明星周润发应一家"披萨"食品店之邀到上海参加开业典礼。消息传开后,受到狂热的追星族"围追堵截",致使典礼活动无法正常进行。(图/于文国)

作是《家》《春》《秋》,多年来培养了曹达华、于素秋、谢贤、嘉玲、南红、胡枫、苗金凤、吕奇、丁亮、江雪、陈宝珠、萧芳芳、冯宝宝、楚原、龙刚等粤语片台前幕后新秀。

20世纪50年代初期把香港作为主要市场的是"长凤新"。20世纪50年代后期,邵氏和电懋电影公司成立,与"长凤新"共同成为香港电影本地制作的主要机构,形成了三足鼎立的态势。因此二十世纪五六十年代被称为香港本土电影意识觉醒的时期,这个时期为香港电影新浪潮打下了良好的基础。

从另一个角度看,二十世纪五六十年代的香港电影延续了部分上海的电影风格,也为下个时代做好了准备。在新浪潮之后,香港电影完全建立起了自己的电影风格。

20世纪80年代华南电影工作者联谊会下属的电影公司开创了合拍片先例。香港回归后,每年在香港举办的中国内地电影展一直由他们承办。

1958年邵逸夫成立邵氏电影公司。永华在国泰集团陆运涛入主后改名国际电影懋业公司(简称"电懋"),由此开始香港两大电影巨头公司的竞争时代。邵氏除了派技术人员往日本取经,还聘用日籍导演和摄影师把在日本的旧素材重拍,同时助邵氏开展影片类型,扩张市场。日籍导演井上梅次为邵氏拍的影片有《香江花月夜》《青春万岁》《谍网娇娃》等。

1956年"自由总会"在香港成立。经其推动,开启了港台合拍片的蜜月时期。不参加"自由总会"的香港电影公司、电影制作人或演员,其影片不能在台湾上映。因此除了左翼电影公司,香港电影界几乎都加入了"自由总会"。

20世纪70年代,香港经济急速发展,投资电影的大财团数量激增,邵氏失去垄断地位,转向电视广播业发展。海外市场的不利,也迫使香港电影不得不从海外市场转为本土市场,为解决电影发行的问题,院线制开始在香港大行其道,并推动了本港电影的发展。20世纪80年代,香港电影的海外华人市场的主导地位渐渐被香港本地市场所取代。本土粤语片渐成电影的主流影片,"港产片"之名也从此诞生。

内地接触香港电影的两个阶段

录像带时代(1970—1990年)

20世纪70年代末,内地开始实行改革开放,整个社会风貌焕然一新,电影创作也从"样板戏"重回电影本身。观众开始看到来自香港左翼电影公司的影片,例如《屈原》《审妻》《三笑》《云海玉弓缘》《金鹰》《万家灯火》《生死搏斗》《三凤求凰》等。但碍于当时的发行渠道,传播始终有限。直至《少林寺》的成功,开启了内地和香港合拍片的新篇章。最早进入内地合拍的大多数是功夫片,如徐小明的《木棉袈裟》《海市蜃楼》、刘家良的《南北少林》。之后,李翰祥开始重启他的宫廷电影《垂帘听政》《火烧圆明园》。

真正全面把港产片带到内地观众眼前的是20世纪80年代末港产片盗版录像带及

2017年3月21日，第11届亚洲电影大奖在香港文化中心举行，香港导演徐克荣获"终身成就奖"。（图/Jonathan Wong/South China Morning Post/Getty Images/CFP）

2000年9月6日，王家卫执导的电影《花样年华》作为爱丁堡国际电影节的闭幕电影上映。（图/Neville Elder/Corbis/Getty Images/CFP）

2010年9月3日，第67届威尼斯电影节授予香港导演吴宇森"终身成就奖"。这是华人导演第一次获得此殊荣。（图/ALBERTO PIZZOLI/AFP/Getty Images/CFP）

2004年12月18日晚，周星驰执导兼主演的贺岁影片《功夫》在上海首映。（图／潘索菲／CNSPHOTO）

后期VCD光盘的大量涌入。盗版录像带泛滥的原因除了不法分子的贩卖，也有当时不少香港电影发行公司的推波助澜，因为这能让那些旧版的影片再次产生不菲的收益。这个时期进入内地的多是二十世纪七八十年代香港电影黄金时代制作的影片。那时港产制作输出的影片数量几乎超越所有西方国家，因此被誉为"东方好莱坞"。

当时，一批从国外留学回到香港的学院派年轻导演的作品开始出现，严浩导演的《茄哩啡》率先成为当年十大卖座电影之一，紧接着严浩的《夜车》、徐克的《蝶变》、

第二章
香港影像故事

严浩导演与他历年得奖的一部分奖杯,包括《太阳有耳》获柏林电影节最佳导演和国际影评人奖,《似水流年》获香港电影节最佳影片、最佳导演等。(图/严浩提供)

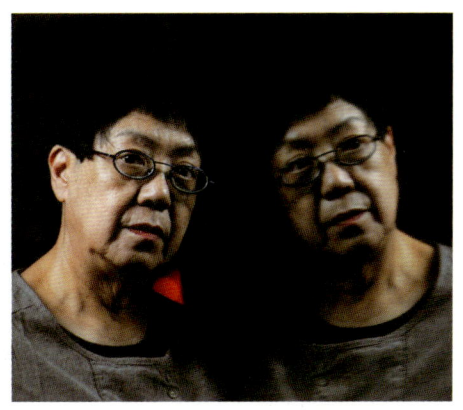

2012年2月10日,许鞍华导演获颁第六届亚洲电影大奖"亚洲电影终身成就奖"后留影。(图/ANTONY DICKSON/AFP/Getty Images/CFP)

许鞍华的《疯劫》、章国明的《点指兵兵》、陈欣健和于仁泰的《墙内墙外》、谭家明的《烈火青春》等开始掀起了香港电影的"新浪潮"。严浩导演的《太阳有耳》在1985年柏林影展上获得最佳导演和国际影评人最佳电影奖,严浩也因此成为在一级国际电影节上首位获得此荣誉的香港导演。

回顾香港电影那段黄金年代,电影界人才荟萃,成就了一批卓越的电影人。

虽然盗版录像对中国内地电影市场来说是一次几乎致命的打击,但也为内地电影创作带来了崭新的视角,对内地电影的再出发也起到了推动作用。

合拍片时代(1990年—至今)

20世纪90代后期,香港电影的本土市场已不足以再支撑香港电影制作日益增加的巨大成本,而内地市场的崛起使得合拍片日渐成为具有经济效益的制作模式。

合拍片可以分为两个阶段:第一个阶段(1990—2010年)是香港投资制作,内地辅助,影片的市场主要在港台。自20世纪90年代初开始,海外观众的喜好转向好

2008年4月13日,第二十七届香港电影金像奖在香港文化中心举行。李连杰凭电影《投名状》获最佳男主角,刘德华凭电影《门徒》获最佳男配角。(图/MN Chan/Getty Images/CFP)

莱坞电影,对香港电影的兴趣已经减退。香港电影的海外票房下挫估计超过80%。香港电影亟须开拓新的市场,香港电影公司也开始去往内地制作影片。受限于当时进口影片配额,参与合拍片的香港电影公司都是实力雄厚的企业,因此出色的作品不少。《新龙门客栈》《霸王别姬》都是合拍片中的经典作品。

第二个阶段(2010—2022年)是内地投资制作、香港辅助,影片的市场主要在内地。2003年底CEPA出台,香港电影可以以合拍形式进入内地,从每年十部影片的配额到不受每年的进口电影配额影响而直接作为内地影片上映。合拍片开始进入第二个阶段。2010年中国电影票房首次超过100亿,2014年底已经接近300亿成为世界第二大电影市场。这一时期,合拍片越来越多以内地题材为主。例如徐克的《智取威虎山》,林超贤的《湄公河行动》《长津湖》,陈可辛《中国合伙人》《夺冠》,

第二章
香港影像故事

2022年7月17日晚上,"第四十届香港电影金像奖"颁奖典礼于香港九龙湾国际展贸中心举行,电影《怒火》获"最佳电影"。图为获奖电影的人员发表得奖感受。(图/李志华/CNSPHOTO)

刘伟强的《中国机长》《中国医生》等。

未来大湾区电影会是香港电影的转折点吗?过去合拍片是唯一的选项,显然通过这个形式很难最大程度地保有香港电影的旧有特色。而今天大湾区的规划与建立,让区内的业界尤其是香港电影业界的业内人士对电影发展充满期待。因为,中国香港电影和内地电影从一开始就一直是一个整体,重回同步状态是理所当然。

(注:感谢严浩导演提供部分资料)

香港影像志
Hong Kong Images

香港电视发展史

| 文·崔白露 |

2021年11月19日，TVB55周年台庆。（图／东星娱乐香港／CFP）

第二章
香港影像故事

被誉为"东方之珠"的香港，亦有"东方好莱坞"的美称。自20世纪60年代起，香港凭一城之力，在短短几十年里创造了高度繁荣的文化产业，不仅涌现出无数脍炙人口的电影、电视节目，培育红遍亚洲甚至世界的巨星，更创造出独特的香港影视文化，深刻影响了全球华人的娱乐休闲和生活方式。

电视传奇的诞生与发展

第二次世界大战后，香港衍生出独特的商业文化和大众娱乐文化，随即香港影视文化产生并迅速发展。1957年，香港有线电视台"丽的映声"（后更名为"丽的电视"和"亚洲电视"）成为香港华人地区的首家电视台。丽的映声是收费电视台，25港元的月费对于当时的普通百姓来说相当昂贵，内容基本为英语节目，因此电视文化未能在香港大众中迅速普及。

随着经济的飞速发展，香港电视业的发展迎来机遇。1967年，邵逸夫建立香港电视广播有限公司（即"无线电视"，英文简称TVB），通过提供完全免费的电视服务和粤语节目，香港电视业走向本土化和大众化，收视率大幅跃升。

自此，香港电视业在自由竞争的环境中蓬勃发展。

香港丽的呼声电台（Radio Rediffusion）于 1949 年 3 月 1 日启播，为中国香港首间商业运营有线广播电台。1957 年 5 月 29 日，丽的呼声启播"丽的映声"（Rediffusion Television, RTV），成为中国香港第一家有线电视台，后改名为亚洲电视。（图／佚名）

1975 年，香港第三家电视台"佳艺电视"成立，与丽的电视、TVB 形成"三台鼎立"局面，但仅维持三年便在激烈的市场竞争中关张。1982 年，丽的电视又更名为亚洲电视（ATV），与 TVB 的竞争趋于白热化，香港电视进入"双雄争霸"的时代。

为争夺收视率，两台不断推陈出新，打造出新闻、综艺、音乐、电影、电视、体育等多种类型的电视节目，并涌现出一大批优质、让人津津乐道的作品。例如，丽的电视台的"亚洲业余歌手大赛"和 TVB 的"新秀歌唱大赛"，挖掘出张国荣、梅艳芳、黎明、郑秀文、毛舜筠、邵音音等著名艺人；1981 年播映至今的《劲歌金曲》对香

第二章
香港影像故事

1967年11月19日,香港电视广播有限公司开台仪式,左一为邵逸夫,左二为利孝和。开台之初只有两个播出频道,一个是中文台"翡翠台",一个是英文台"明珠台"。(图/佚名)

1978年,邵逸夫在伦敦获得女王颁发的爵士头衔,与妻女合影。邵逸夫作为香港电视广播有限公司荣誉主席、邵氏兄弟电影公司的创办人之一,执掌TVB近半个世纪,缔造了香港电影和电视业的辉煌时代,更是成为华语影视界一代传奇人物。(图/佚名)

港乐坛影响深远;TVB的晚间综艺《欢乐今宵》,以轻松诙谐、包罗万象的内容陪伴港人27年,创下当时"最长寿综艺节目"的世界纪录;1973年起举办的《香港小姐竞选》,成为香港最瞩目的娱乐盛事……

蓬勃的电视产业背后是人才的兴盛。两大电视台的竞争环境,给本土电视人的职业发展创造更多机遇。此外,通过无线艺员训练班、香港小姐选美、歌唱大赛等活动,电视台也直接从普通人中挖掘培养演艺人才。在此机制下,诞生出一代港星。这种人才培养模式,又反过来进一步拉动香港影视业的发展。

1971年,《欢乐今宵》成为全香港第一个彩色制作的电视节目,主持为沈殿霞(中)。(图/佚名)

随着香港国际影响力的不断扩大,电视的业务范围和文化辐射力也向外拓展。在20世纪80年代的广东沿海地区,家家户户在屋顶上架设"鱼骨天线"接收香港频道,这一独特的时代景观一直延续到20世纪80年代末90年代初,香港电视频道正式进入广东地区。此外,TVB也通过与其他电视台合作、提供收费电视服务等方式在东南亚、美国、欧洲和澳大利亚等国家和地区落地,为全球3亿用户提供电视节目。1996年,总部位于香港的凤凰卫视正式启播,致力于服务全球华人,旗下的中文台、美洲台、欧洲台、香港台等覆盖亚太、欧美、拉丁美洲及非洲190个国家和地区、逾5亿受众。

港剧情结与香港梦

电视大大改变了香港人的生活和休闲娱乐方式,收看电视成为社会各阶层在茶余

第二章
香港影像故事

1973 年，香港小姐前六甲，右三为冠军孙泳恩，左二为赵雅芝。香港小姐的选举早在 1946 年就已开始。但直至 1973 年，香港电视广播有限公司开始举办每年一度的香港小姐选举，之后才统一由无线电视举办。"美貌与智慧并重"的口号也是在当年诞生的。（图／佚名）

饭后重要的消遣方式，奠定香港电视文化影响力的一座高峰，便是本土自制电视剧的产生、成长、成熟和辉煌。

香港电视台早期并不专门制作本土剧集，即使有也多以舞台剧等短剧形式播出。1976 年，TVB 拍摄的首部百集长剧《狂潮》大获成功，随后《家变》《强人》《大亨》《天蚕变》等粤语长剧陆续播出，本土电视剧制作开始步入正轨。

20 世纪 80 年代起，香港电视剧进入创作的黄金时期，脍炙人口的剧集层出不穷。自此，香港成为全球最大的华人剧集生产基地，港剧也成为香港一张重要的文化名片。

早期的港剧大致可分为现代剧和古装武侠剧两类，如《大侠霍元甲》《上海滩》《万水千山总是情》《我本善良》《义不容情》等，《射雕英雄传》《天龙八部》《神雕侠侣》《陆小凤》《楚留香》等则开创了古装武侠剧的先河。

1976年9月,香港一家黑白电视机销售店内,观众在收看中央电视台前身——北京电视台节目。当时黑白电视机开始在香港家庭普及。一台17英寸的电视机只需790元,而且可以接收内地电视信号。(图/蒙敏生)

1983年,广东省中山市的乡村为收看香港电视而搭建的"鱼骨天线",看上去比城里的还要壮观。(图/安哥)

随后,电视剧的创作题材更为多元化,涉及武侠、古装、职业、商战、家族、情景喜剧等类型,伴随中产阶层群体扩大,围绕各行精英和专业人士的职业剧涌现。如刑侦题材的《刑事侦缉档案》《法证先锋》,律政题材的《壹号皇庭》《律政新人王》,医疗题材的《妙手仁心》,消防员题材的《烈火雄心》,飞行员题材的《冲上云霄》等作品。作为国际金融中心的香港,也为商战和家族争斗剧提供了创作源泉,《大时代》《天地男儿》《创世纪》《溏心风暴》等经典剧集都是在此大环境下创作出来的。当然，多元文化和宽松氛围，也塑造出诸如《我和僵尸有个约会》《皆大欢喜》《男亲女爱》《金枝欲孽》《巾帼枭雄》等不同类型的优秀剧集。

改革开放后，中国内地居民的物质生活水平和精神世界发生新变化，电视走入千家万户。1983 年，港剧《霍元甲》在内地播出，随后《上海滩》《射雕英雄传》《天龙八部》纷至沓来，掀起港剧热潮。

2020 年，内地互联网视频平台优酷对 4000 余名港剧观众进行调研，多数受访者认为港剧曾给自己提供重要的职业启蒙，而重温港剧的很大一部分原因在于它们能引发情感共鸣、亲切怀旧和感悟人生百态。票选出的港剧十大金句中，"做人呢，最要紧的就是开心""一家人最重要的是齐齐整整"等耳熟能详的经典台词上榜。香港电视文化，已潜移默化地融入人们的生活。

港剧最辉煌的年代，也是香港经济称雄亚洲的时代。改革开放后，内地民众通过香港影视剧认识丰富多彩的外部世界，学习新的生活方式。香港电视就像一个万花筒，中西交融的都市生活、拼搏奋进的香港精神以及城市的生活气、市井气和烟火气，都透过荧屏一一呈现。看过港剧的年轻人，都免不了会梦想着如剧中人物那样，在波澜壮阔的时代洪流中通过奋斗实现个人理想，在丰富多彩的城市生活中获得身心的栖居。

从辉煌到落寞的香港电视

香港电视向世界展示了香港的时代变迁、经济社会发展、市民生活和精神文化内核。它的影响力远远超出节目本身，不仅塑造了香港人的集体记忆，也深刻影响了全球华人文化圈。可以说，有华人的地方，就有香港电视节目。

香港电视的魅力，源于香港的经济发展和独特文化。国际化和本土性共存的特征，塑造出香港中西杂糅、现代与传统交织的城市文化。

在全球影视文化多元化、互联网时代加速发展、内地资金市场不断扩张的当下，香港电视节目似乎成为小众的文化产品，生存空间被不断挤压。随着亚视停播、香港

2012年6月22日晚上，亚洲电视台在北京万事达中心举行《光辉岁月—亚洲电视55周年台庆晚会》大型庆祝晚会，为亚洲电视连串台庆晚会揭开序幕。2016年4月2日，亚洲电视台停播。（图／陆欣／CNSPHOTO）

演艺人士部分离巢北上、邵逸夫离世和TVB内部变革，香港电视的黄金时代一去不返。

时至今日，内地热追港剧的风潮已然远去，港剧情结、香港流行文化似乎也伴随一代人的成长而逐渐消逝。当浪潮退去、情怀不再，如何继续发展，成为摆在香港电视业面前的一大难题。

近年来，香港电视尝试求新求变，希望通过引进外购节目、挖掘经典影视IP、与内地合作等方式，恢复原有市场和影响力。近年来，虽然也出现如《叹息桥》《星空下的仁医》等小众爆款剧，以及纪录片《无穷之路》这种关注度高的作品，但更多的是千篇一律、缺乏创意、"港味"缺失和质量不佳的作品。

2023年11月14日,香港,佘诗曼、李施嬅、何依婷等主创出席剧集《新闻女王》记者会。港剧《新闻女王》的热播引发"港剧是否能再次崛起"的热议。(图/东星娱乐香港/CFP)

如今,不少人开始怀念过去群星璀璨的香港,对香港影视业的衰落扼腕叹息。但不可否认的是,几代电视人和观众共同铸造了一段光辉岁月,香港电视给许多人带来无数欢乐与感动瞬间。

正如港剧《冲上云霄》主题曲《岁月如歌》中唱的那样:"如明日便要远离,愿你可以留下共我曾愉快的忆记,当世事再没完美,可远在岁月如歌中找你。"

香港影像志
Hong Kong Images

香港流行乐坛回溯

|文·梁国鹏|

　　1979年2月20日,首届十大中文金曲颁奖礼在香港喜来登酒店举行。1978年,香港电台以电台节目"中文歌曲龙虎榜"为基础,推出港乐年度盛事"香港十大中文金典奖",与乐迷一起用奖项表扬乐坛精英的贡献。郑少秋(后排中)以《倚天屠龙记》和《誓要入刀山》独占鳌头,连夺两首金曲。(图/佚名)

从 1974 年到 2022 年，香港流行乐坛走过了 48 个年头。香港乐坛从来不是一个独立的孤本——它深受粤剧影响，依附于香港市民文化和独特的表达语境，从香港电影、香港电视、香港武侠小说里都可以窥见粤语流行曲的身影，再加上城市生活、人文风土等要素的影响，促使香港流行音乐在产业、歌手与歌迷之间不断自我革新，最终走出了一条自己的道路。

经典与潮流涌动
生生不息的歌坛盛景

香港回归 25 周年之际，芒果 TV、香港电视广播有限公司和湖南卫视联合推出音乐综艺《声生不息》，再次唱响港乐。

经典似乎从不因时代变迁而消减生机，而是持续焕发出新的生命力，它的传唱往往是跨世纪的、跨地区的，影响的从来不是单一粤语市场。经典金曲如在节目中全场大合唱的《海阔天空》与《千千阙歌》，这两首歌曲都不止局限于香港、台湾，甚至海内外的观众都不陌生，它们在时代洪流里成为大众心目中的粤语经典，在新世纪的复兴中赚足观众眼泪。

近年香港乐坛涌现出许多歌手自发用作品高唱"香港歌手不会死"。新人里以 MC 张天赋、炎明熹和曾比特等人为代表，他们在一系列推陈出新中铸就了香港乐坛新旧更替的交界点，创造了乐坛近年来的又一个新辉煌。

1977年5月，年仅21岁的张国荣以一曲《American Pie》荣获"电视亚洲歌唱大赛"的亚军。不久后，他便签约丽的电视（后来的香港亚视），正式走上其不平凡的演艺之路。（图／ROBIN LAM/South China Morning Post/Getty Images/CFP）

变变变
粤语流行曲的划时代变革

要总结粤语流行曲的发展，离不开三个"变"字。大时代的变局，阶段发展中的变数，与歌手自我谋求的变化，都齐力推动了香港粤语流行曲的划时代变革。

而阶段发展中的变数，则以不同阶段时代流行曲的发展脉络，勾勒出香港流行曲的样貌。

在正式进入到香港粤语流行曲之前，香港最红火的一度是粤剧和戏院文化，然后是欧美音乐席卷所引发的欧美音乐收听狂潮。这种局面一直延续到20世纪70年代粤

陈百强（图/South China Morning Post/Getty Images/CFP）

Beyond 乐队（图/GCMT/CFP）

语电视剧播出才被打破。顾嘉辉与许冠杰，这两位粤语流行曲绕不开的人物坐标，凭借 1974 年《啼笑因缘》和《鬼马双星》这两首流行曲借助同名影视剧大获成功。

以原创影视剧主题曲为主导的二十世纪七八十年代，是香港乐坛发展的重要阶段，伴随着粤语影视作品的飞速发展，香港的古装武侠主题曲一度占据主流，《沧海一声笑》《世间始终你好》《一生所爱》等经典歌曲都出自这个时期。填词人里的杰出代表如黄霑、卢国沾与郑国江，作曲人顾嘉辉、黎小田与卢冠廷，歌手许冠杰、薰妮、关正杰、甄妮等都见证了那些年香港歌坛的重要时期。

而后，香港乐坛进入到 20 世纪 80 年代唱片行业主导下的改编歌时代。在这个阶段，本土创作相对薄弱，大量的歌曲都改编自日文歌；八九十年代是以歌手为主导的粤语流行曲时代——谭张争霸、四大天王对垒以及以梅艳芳、叶倩文、林忆莲、王菲、郑秀文等为代表的天后之争，在一众优秀音乐人的加持下，他们共创了粤语流行曲的辉煌。同时，香港的流行音乐乐队崛起，Beyond 乐队从一个地下乐队变成香港殿

20世纪90年代,香港艺人黎明。(图／东星娱乐／CFP)

1993年,刘德华在张家口坝上拍广告。(图／刘新武／CFP)

1993年11月6日,北京首都体育馆,张学友演唱会。(图／卢北峰)

1999年4月27日,北京首都体育馆,郭富城演唱会。(图／卢北峰)

梅艳芳在演唱会上表演。（图／South China Morning Post／Getty Images／CFP）　　王菲旧照（图／东星娱乐／CFP）

堂级别乐队，成为年轻、热血和梦想的代名词，至今无可超越。

香港乐坛发展至千禧年后直至现在的二十余载，歌曲创作不再依赖改编国外曲目，本土乐坛已经可以完全依靠原创歌曲，优秀的作曲人创作出大量朗朗上口的旋律，香港歌坛不断涌现出优秀的唱作歌手。尤其是新技术和现代化技术共创的渠道多元化，使歌手即便不依附唱片公司也可以拥有自身话语权，乐坛已然抵达了一个新的时代。

星光熠熠
香港流行乐坛歌手群像

用"星光熠熠"来形容香港流行乐坛，无疑是贴切的。几代歌手力争上游，由一个个歌手构建出歌坛时代的集体群像。红馆之中，香港歌手各自凭借独特魅力驰骋

1997年3月25日，北京王府井大饭店，词作家黄霑。（图／卢北峰）

2015年5月19日，香港，顾嘉辉演唱会。（图／东星娱乐／CFP）

一方，诠释出属于他们的星光色彩。这些，在年末的五大颁奖礼——叱咤乐坛流行榜颁奖典礼、劲歌金曲颁奖典礼、十大中文金曲颁奖典礼、新城劲爆颁奖礼和新设立的ViuTV的"Chill Club颁奖礼"上，杰出的歌手会聚一堂，由此为阶段性划分出的香港流行乐坛人物版图也逐渐清晰起来。

从新莺初啼到金光依然灿烂，徐小凤纵横歌坛半个世纪，承载了无数人的金曲记忆；越唱越强的林子祥，年过七旬，实力仍然惊人；杜丽莎与谭咏麟，一个是引领多位歌手进门的老师，一个是至今不忘提携后辈的歌坛前辈……老一辈歌手在完成了自己巅峰的艺术生涯之后，并未失去对音乐的初心。而当年的四大天王张学友、刘德华、黎明和郭富城，各自朝向不同的人生方向行进，作为前辈不忘对后生的提携。

第二章
香港影像故事

2014年2月24日，徐小凤2014香港演唱会举行第六场。图为徐小凤与陈奕迅。（图／东星娱乐／CFP）

2017年8月12日，许冠杰、谭咏麟在红磡体育馆举行首场演唱会。（图／TPG／CFP）

中生代歌手依然是现今乐坛最积极的建设者，年龄并没有成为他们的阻碍。近几年的歌坛，依然能看到许多熟面孔，陈奕迅、李克勤和古巨基，从不失对音乐的敬畏之心，始终追求着音乐内核里潜藏的艺术生命力。郑秀文用自身不俗风格诠释港女特质，从高唱女性到吟唱万物，时间统统成了音乐中的养分。杨千嬅的一众歌曲成为时代饮歌（粤语中指最喜欢的歌），容祖儿成长为歌坛唱跳天后，Twins陪伴众多人度

189

2012十大劲歌颁奖：Twins、容祖儿、林峰、王菀之等获奖。（图／东星娱乐／CFP）

过青春岁月，邓紫棋北上成为乐坛新天后，郑欣宜走出"星二代"光环变身真正女神拿下歌后……当然，亦有如林忆莲这般，不管是粤语抑或国语，这些年在香港流行乐坛的积累都塑造了她完整的艺术人格，这十年推出的《盖亚》和《0》都展现着音乐的智慧与美感。这代歌手，都各自诠释出属于香港乐坛的生命力。

而新生代的崛起，则最大程度丰富了当下粤语流行乐坛的色彩。如林家谦、Jace陈凯咏、吴林峰等，诠释出年轻一代乐坛新人的耀眼。岁月如歌，乐坛在当下焕发出新的生机。

由内向外
文化的交流与融合

流行文化的发展，常常是向内凝聚又向外发散的。香港流行音乐在推动本土文娱

2022年7月10日,献礼香港回归25周年的音乐节目《声生不息》圆满收官。(图/湖南卫视提供)

产业的发展以外,也影响着周边国家和城市,以成功的文化输出实现了彼此之间的交流与融合。

其中,20世纪90年代的香港流行乐坛,见证了粤语歌最风靡的时期,香港真正成为华语流行音乐的重地。一方面是粤语歌曲在非粤语地区的传唱,在这个时期达到鼎盛,也促使大多数非粤语地区观众真正了解粤语歌;另一方面,海峡两岸暨香港音乐的交流融合成为流行景象,很多歌手在这个时期推出粤语歌。

同时,香港红馆这个地域性的流行坐标,吸引了众多海内外歌手前来开唱。最经典莫过于魔岩三杰窦唯、张楚、何勇联手唐朝乐队于1994年在香港体育馆举行的演唱会,将摇滚乐带到香港,而之后周杰伦、那英、孙燕姿等歌手的香港站演出也共同演绎出特别的风采。

这种文化交流与融合的现象,在20世纪90年代达到巅峰,千禧年后成为常态。粤语歌对乐坛的影响,是长足与深远的。

香港影像志
Hong Kong Images

香港武侠小说史

|文·书 同|

金庸在书房。（图／骆文刚／CFP）

若有一地,仅华人知,那便是江湖。从太史公记载的《刺客列传》《游侠列传》到如今网络流行的"玄幻修仙",快意江湖的武侠文化早已成为中国人挥之不去的集体记忆。每个人心中都有一个江湖,每一个武侠迷都会登顶西岳,一览"华山论剑",也会想潜入深宫,一窥"决战紫禁之巅"。这世间倘若真有如此武林,刀剑如梦、豪侠云集,那恐怕既非少林,也非武当,而是孕育了"金古梁温黄"的香港。

香港成为"侠客岛"

总有人称香港为"文化沙漠",却不知论及武侠文化,这里堪称"源头活水"。当代武侠小说,永远无法绕开"金古梁"的大名,金庸与梁羽生长居香港,古龙虽多在台湾,但其作品影视化并真正发扬光大也是在香港。也有人在"金古梁"后面加上"温黄",凑成"新武侠五大宗师",黄易是地道港人,温瑞安虽生于马来西亚、长于中国台湾,声名鹊起仍是在中国香港。

香港,这一华洋杂处的岭南之地,何以成为高手云集之"侠客岛"?时也,命也,一言以蔽之:时势造英雄。

自古英雄多慷慨悲歌。自1842年耆英、伊里布代表清政府,在英舰"皋华丽"号上签订《南京条约》那一刻起,香港就已注定成为近代中国山河变色的"暴风眼"。此后百余年,一代又一代志士仁人南下香港,本港亦涌现出无数英雄儿女。他们或投身革命,刺向殖民者的心脏;或以笔为矛,唤醒国人的大脑。如此社会环境与风气,既激发出作家们的创作欲望与灵感,也培养出得天独厚的读者群体,故而在抗日战争结束后,恢复平静的香港很快便成为武侠文学的沃土。

1954 年，香港武术界发生一起著名的"擂台比武"。此事缘起上年底太极派与白鹤派的争执，两派从报纸上互相批评攻击的"文斗"最终发展到真刀真枪的"武斗"。太极派掌门吴公仪与白鹤派掌门陈克夫相约澳门比武，一时间，港澳报章成了"江湖百晓生"，社会大众的武侠情绪被推向高潮。

香港《大公报》下属《新晚报》的总编辑罗孚嗅觉敏锐，两派澳门比武次日即在报纸上刊登预告，声称将连载武侠小说以飨读者。被吊足胃口的香港读者果然没有失望，《新晚报》如约刊出《龙虎斗京华》，作者署名梁羽生。一个属于"新派武侠"小说的年代，由此拉开帷幕。

萍踪侠影启山林

1924 年，梁羽生出生于广西蒙山。梁羽生本名陈文统，陈家本就是当地名门望族，抗日战争期间又冒险收留过饶宗颐、简又文等文史大家，家学渊源与名师指导使得陈文统打下了坚实的旧学功底。

1945 年抗日战争胜利后，陈文统到广州求学，顺利考入岭南大学，结识了陈寅恪高足金应熙。年龄仅差 5 岁的金陈二人亦师亦友，志趣相投，金应熙还把自己珍藏的《蜀山剑侠传》等武侠小说借给陈文统，彼时的江湖，还是还珠楼主、宫白羽、王度庐、郑证因、朱贞木等"北派五大家"的天下。打开武侠世界的大门后，陈文统便深陷其中。在对旧派武侠文学谙熟于胸后，他的"内功"修为与日俱增。

1949 年，陈文统辗转来到香港，赴《大公报》求职。彼时出题面试他的考官，正是查良镛。二人成为同事后，越聊越投机，还经常对弈过招，那时陈文统总是一到下午就去买二两仔蒸、四两烧肉以助谈兴，两位少侠一边饮酒，一边吃肉，谈天说地，好不快活。

5 年后，陈文统凭《龙虎斗京华》横空出世，查良镛也跃跃欲试。次年，《大公报》开设《三剑楼随笔》专栏，陈查二人与"百剑堂主"陈凡组成"三剑客"，神话武侠、琴棋书画、文史掌故，无所不谈。同年，金庸大名首现江湖，陈家洛一套百花错拳，

2005年9月17日晚，武侠小说大师梁羽生先生在广西电视台《文心侠骨共婵娟》中秋晚会上接受现场采访。(图/Gavin/CFP)

把《书剑恩仇录》打出了名堂。1956年，金庸趁热打铁，在《香港商报》上连载《碧血剑》，侠名日盛。1957年，梁羽生完成《七剑下天山》，金庸开始写《射雕英雄传》，两大高手你来我往，一时瑜亮。

梁羽生曾用笔名佟硕之在著名的《海光文艺》写下《金庸梁羽生合论》，将港台东南亚武侠小说之大兴归因于"开风气者梁羽生，发扬光大者金庸"。在对新派武侠小说有开山之功的梁羽生看来，新派武侠小说之"新"，在于"侠"胜于"武"，"侠"为目的、"武"为手段，那些清末民初时专注于门派恩怨、血海深仇、暴力厮杀的传统武侠小说自然就显得"旧"了许多。再者，新派武侠小说的思想更新潮、语言更灵活、人物更丰满，如梁羽生《白发魔女传》罕见地以女侠"玉罗刹"练霓裳为一号主角，体现出鲜明的女权思想，《萍踪侠影录》出场的"梁书第一大侠"张丹枫，更无愧于"亦狂亦侠真名士，能哭能歌迈流俗"的绝顶人物。正是因为新派武侠小说的文学性更强，国际著名数学家华罗庚在读过《云海玉弓缘》后对梁羽生赞不绝口，说出了那句名言："武侠小说应该属于文学，我看它是成年人的童话。"

侠之大者世无双

1959 年 5 月 20 日，《射雕英雄传》结束在《香港商报》连载的第二天，其姊妹篇《神雕侠侣》首刊在一份崭新的报纸上。这份报纸便是日后名声大噪的《明报》，此后，几乎每个白天的查良镛要写千字评论文章，夜晚的金庸又要写千字武侠小说。

在个性十足、被评"无法无天"的倪匡眼中，香港"四大才子"中唯有金庸堪称真正的大才子，"才子要学贯中西、博古通今，你放在查良镛身上，对！你放在黄霑、蔡澜和我身上，胡说！"

金庸武侠小说凡十五部，连起来竟是一副流传甚广的绝对："飞雪连天射白鹿，笑书神侠倚碧鸳"。其笔下人物既有豪气干云的萧峰，也有潇洒不羁的令狐冲；既有超凡脱俗的小龙女，也有至情至性的任盈盈；还有"正中带有七分邪，邪中带有三分正"的黄药师，号称"中平无敌"的伪君子花铁干，为练神功不惜自宫的东方不败……金庸笔下之人物，不像梁羽生塑造的那般正邪分明，而是刻画更为立体、性格更为丰富、思想更为复杂，就连未曾列入对联的短篇《越女剑》，也塑造出"竹棒破甲三千"的阿青和"西子捧心"的西施，令人印象深刻。这些性格鲜明、可歌可泣的角色，不仅令无数金迷如痴如醉、如数家珍，也通过一版又一版影视剧改编，捧红了大批香港演员。

宋人曾云："凡有井水处，皆能歌柳词"，以此感叹北宋大词人柳永作品之脍炙人口。千余年后，今人赞曰："有华人处，就有金庸"，足见查氏武侠小说影响力之广。事实上，金庸的武侠江湖早已不局限于华语世界。自 1993 年香港城市大学莫锦屏教授翻译并出版《雪山飞狐》英译版（*Fox Volant of the Snowy Mountain*）以来，金庸作品已被译为英、法、日、韩、越、马、泰等语种，畅销海外。法国媒体曾将金庸誉为比肩大仲马的一代文豪。美国杂志《纽约客》则发表长文称，金庸基于中国历史构造了他的江湖世界,正像《指环王》的作者托尔金以查理曼大帝统治下的欧洲为画布,尽情挥洒想象力。

更有趣的是,一些金迷甚至用学术的方法论研究、解读金庸小说,以致"读者江湖"中一度兴起"金学",金庸影响力之大可见一斑。故有港媒在金庸仙逝后直言,"有人处,就有金庸"亦不为过。

多情剑客无情剑

金梁两座高峰在前,后人大多高山仰止,但有一人偏不信邪,硬生生拔笔为剑,孤身闯山门,竟也辟出一片新天地来。此人语言风格独树一帜,常一字成段,书名也是极致简单、极致浪漫,《天涯明月刀》《流星蝴蝶剑》,以至于有人将他的一生也如此概括为"江湖女人酒"。这位本名熊耀华的年轻人,便是写下"人在江湖,身不由己"的古龙。

1960年,《苍穹神剑》让古龙的名字在武侠小说界有了一席之地。此后不过短短十余年,悟性极高的古龙就实现了文学上的两次"飞跃",从早期几部"练笔"之作到《大旗英雄传》《浣花洗剑录》《武林外史》等名篇,再到奠定江湖地位的《绝代双骄》《楚留香传奇》《萧十一郎》,令古龙在港台地区广为人知、红极一时。

1972年《鹿鼎记》结束连载后,正值壮年的金庸宣布封笔。"江湖告急"之际,"四条眉毛"的陆小凤在《明报》惊艳亮相。原来未雨绸缪的金庸大侠早

古龙在书房。(图/CNA/CNSPHOTO)

2012年4月15日,香港第31届香港电影金像奖,倪匡获颁终身成就奖。(图/GCMT精品图片/CFP)

2014年5月11日,武侠小说作家黄易在台北出席他的新书《龙战在野》读者见面会。(图/CNA/CNSPHOTO)

已去信台湾,向已打通武侠小说创作"任督二脉"的古龙约稿。古龙这"灵犀一指",接住了金庸的重托;金庸这般提携后辈,也像极了郭靖向杨过"讲侠"。

不同于梁羽生恪守传统道义,"以侠代武"一改旧派武侠小说只讲暴力、厮杀、复仇的文风,也有别于金庸在江湖中体现家国情怀与宏大历史观,古龙的文学世界将武侠、悬疑、侦探等中外类型文学的元素与特点融会贯通,令原本高深莫测的"侠"更接近于七情六欲的"人",写出了传统武侠的"现代感"。

从风流盗帅楚留香到探花飞刀李寻欢,从痴情游侠萧十一郎到天涯刀客傅红雪,古龙笔下的男主人公多为放浪形骸却不失古道侠义的浪子,和古龙本人经历多有相似,令人感慨。

四大名捕斗双龙

古龙作古,江湖上再说英雄,谁是英雄?20世纪80年代末至21世纪初,武侠世界先后迎来了渐入佳境的温瑞安与黄易。二人风格迥异，温瑞安多写悲剧，《神州奇侠》《布衣神相》《逆水寒》写尽大悲之人，他工于人物心理描写也擅长武打场面，有金古的影子却又自成一派，无情、铁手、追命、冷血"四大名捕"成为经典。黄易则更邪，将科幻引入武侠世界，一部《寻秦记》可谓开创后世"穿越文学"先河，回到过去的项少龙一路开挂，用现代人的思维游走于战国乱世，荒诞而新颖，令人耳目一新；《大唐双龙传》中的寇仲、徐子陵的喋血双雄模式，也让人拍案叫绝。

2017年，一代武侠鬼才黄易在香港病故。温瑞安的悼词为属于其二人的时代画上了句号："网络风行时，古今弹指仗汝易穿越。侠坛式微后，世间唯君与我敢重逢。"2022年7月3日，倪匡逝世，香港四大才子只剩下蔡澜。

也许正如金庸名言，人生就是大闹一场，悄然离去。如今，金古梁黄倪皆已驾鹤西去，温瑞安也处归隐状态，遥远的武林更引得一代又一代读者无限遐想。大侠远去，刀剑如梦，安能相忘于江湖？

香港影像志
Hong Kong Images

告别启德机场

| 文 · 黄艾禾 |

1998年7月5日午夜,随着最后一架航班CX251的离场,为香港服务了73年多的启德机场结束其历史使命,正式关闭。赤鱲角国际机场于7月6日晨6时正式启用。

告别之日,香港可谓倾城而出。启德机场位于市区,高楼林立,三面环山。曾经是世界上最繁忙的机场之一。不少香港人从小就看着启德机场超低空起降的飞机长大,飞机飞过闹市的景象,如今已成为他们难忘的回忆。虽然已过去二十多年,启德机场作为曾经全球最繁忙的国际机场之一,"世界十大危险机场"之一,江湖上还一直流传着它的传说。

启德机场的兴建与发展

1925年以前,香港没有机场,想进入香港需要乘船,或者从内地经广九铁路坐火车进入。不过在1925年的时候,乘飞机旅行也是很稀罕的事,世界上第

第二章
香港影像故事

1998年6月，关闭前的启德机场。启德机场一半深入城市，一半浸入海港，是世界上降落体验最令人兴奋也最让人害怕的机场之一。（图/Bohemia photography/Getty Creative/CFP）

1936年3月，首架商务客机从槟城抵达香港。这架由帝国航空营运的多拉多（Dorado）航机正式揭开了香港首个国际机场的新时代。（图／佚名）

一家航空公司是德国飞艇股份公司，成立于1909年，在20世纪20年代的早期，乘客服务很少，大多数航空公司运送的是邮包。

启德这个名字缘起香港的两位商人何启和区德。他们在1912年成立了一家公司，计划在香港九龙湾北岸填海，建造一个名为启德滨的花园城市。但他们开发土地的计划最终失败，土地被空置。这片土地后被英国殖民政府买下，开始将其用作机场。启德一带是香港可找到的最大面积的土地，可供兴建跑道及停泊飞机，隔邻的九龙湾则可供水上飞机降落及停泊，因而成为当时最适宜用作机场之地。

1925年1月24日，启德机场进行了首次飞行。启德机场当时还是一个只有简单草皮的机场，为英国皇家空军和香港航空会提供服务。

1928年，启德机场修建了第一条水泥滑道。

1935年，启德机场第一座飞行控制塔台和机库建成。

第二章
香港影像故事

1964年，英国披头士乐团抵达香港启德机场。（图/ROBIN LAM/South China Morning Post/Getty Images/CFP）

1936年3月24日，英国帝国航空公司提供的第一个商业客运航班"多拉多"从槟城飞抵香港。

1939年，首条长457米的正规跑道落成。这条东西向的跑道被称为07/25跑道，当飞机起降时，需要把清水湾道（今彩虹道一段）的车辆截停。

第二次世界大战时期，香港陷落。日军扩建了启德机场，这项工作是由许多盟军战俘作为劳力完成的。日军扩大了机场的面积，他们炸毁了古迹宋王台，利用得来的石头在原有的07/25跑道以外建造了一条横跨清水湾道的13/31跑道，即飞机升降

20世纪70年代,鸟瞰启德机场。(图／香港民航处提供)

1994年5月,启德机场南停机坪扩建完成,停机位总数达69个。(图／谭达明／CNSPHOTO)

方向分别为136°和316°。当时13/31跑道长1371米,后来经过多次加长,在机场关闭前长度达到3390米。

二战后,港英政府重振启德机场。1958年,九龙湾填海新建了一条西北／东南方向、长2529米、从九龙湾伸延至维多利亚港的新跑道来取代旧的跑道。随着跑道落成,启德机场正式成为香港国际机场。

第二章
香港影像故事

1987年7月20日，从启德机场起飞的飞机掠过闹市街头。（图/Dick Fung/AP Photo/CFP）

1998年7月4日，香港市民站在楼顶天台与巨型客机面对面的情景。7月5日夜，随着启德机场的关闭搬迁，这成为再难一见的历史画面。（图／王瑶／CNSPHOTO）

1962年，客运大楼建成，这是当时最先进的建筑设计，整个客运楼分为出发和到达两层，高架道路会将乘客直接带到第二层，当时的建筑成本接近100万英镑。1970年4月11日，首架波音747客机飞抵启德。1976年，香港空运货站正式启用。1991年，香港空运货站二号货站正式启用，可处理的空运货物量每年达150万吨。1992年，东面停机坪的扩建工程完成。

13/31 跑道——"启德心脏病"

要在山多楼多的九龙上空降落 13/31 跑道，对飞行员是个不小的挑战。位于香港市区的启德机场三面环山，只有机场西面和跑道东南方正对着的鲤鱼门峡角，没有高山阻挡。跑道尽头就是高山和民居。而且因为机场附近多山，经常出现风切变，尤其是低空风切变，会对飞机起降造成非常大的威胁。

拥有 30 多年飞行经验的飞行员罗素·戴维说："作为飞行员，启德机场是很独特的。它是世界上唯一需要在 500 英尺以下进行大于 45°转弯才能与跑道对齐的主要机场，实际上是在高层建筑之间飞行，当你最后转向跑道时，会飞过那著名的橙色和白色的棋盘格（格仔山）。"

这种同一时间在低空、群山和高楼大厦之间急转弯的高难度飞行方式，全球仅此一家。飞行员必须掌握每秒的风速和风向变化及飞机的高度和速度，半秒差异都会让飞机偏离航道。对居住在航道之下的九龙城居民而言，曾经流行过一句夸张的话：只要在大厦天台拿着晾衫竹便可以把飞机捅下来。

因此这条 13/31 跑道一直被多个国际组织认定为全球最危险跑道之一，别名"启德心脏病"，启德机场成为"世界十大危险机场之一"。航空公司对在香港起降的飞行员的要求特别严格，只会交由具备足够经验的飞行员担任。尽管如此，启德机场也多次出现严重的意外事故。

1965 年 8 月 24 日，一架美国海军陆战队的大力士型运输机，从 13 跑道起飞后失控冲入海港沉没。事件造成 59 人死亡，是启德机场最严重的事故。

1967 年 6 月 30 日，泰国国际航空 601 号班机的一架卡拉维尔客机在台风袭港期间降落，最后滑出跑道坠入海中，造成 14 死 56 伤。

1988 年 8 月 31 日，中国民航 301 号班机的一架三叉戟客机于 13/31 跑道降落时触及跑道进场灯，之后冲出跑道滑进海里，7 死 14 伤。当时天气恶劣，有雾、有雨。

……

据统计，启德机场共发生过 12 起空难，造成 270 人死亡。

启德机场改造计划

启德机场的设计年客运量为 2400 万人次，但到了 1996 年，启德的客运量为

2021年5月21日，位于香港前启德机场跑道的"启德空中花园"正式开放。"启德空中花园"是香港首个建于波浪形隔音屏障上的空中花园，以航空为设计主题，是启德发展区内的新地标。（图／钟欣／CNSPHOTO）

2950万人次，加上156万吨货运量，使得它成为世界上国际客运量第三大、国际货物吞吐量最繁忙的机场。早期的启德机场和住宅区相距还比较远，但随着住宅区和机场不断扩展，机场的位置和住宅区之间的距离变成只有太子道一街之隔。到了20世纪80年代，启德周边已经再无发展空间。机场无论是起降时间、停机位等都到了使用的极限。在20世纪80年代初期，香港特区政府已经就机场发展进行研究，至1990年决定兴建新机场，选址大屿山西北面的赤鱲角，这里远离香港主要住宅区。

1998年7月6日凌晨1时28分，启德机场正式退役。时任香港民航局局长的理查德·西格尔发表了简短的讲话，以"再见启德，谢谢你"为结尾，然后短暂调暗灯光，最后关闭。

随着启德机场关闭，政府制定了一项启德重新发展计划——启动九龙东计划，将跑道带和周边地带变成一个充满活力的地区，其中包括公共房屋、住宅、酒店、办公室、体育馆和休憩公园。在启德机场搬迁之后，香港特区政府将启德机场跑道末端改建成启德邮轮码头，并于 2013 年 6 月 12 日正式启用。这里曾是世界最难着陆的机场跑道之一，如今已成为重要的邮轮设施，除了作为邮轮母港及为其他邮轮提供岸泊位置外，亦用作证婚、婚宴、音乐会、发布会、展览等活动场所，而邮轮码头顶层则为启德邮轮码头公园，为香港规模最庞大的空中花园，游人可在观景台饱览维多利亚港、鲤鱼门和观塘的景致。

香港，将迎来新机遇。

香港影像志
Hong Kong Images

九龙城寨

|文·黄艾禾|

1870年，九龙城寨。图后方可见白鹤山和狮子山。（图／佚名）

1898年，从龙津石桥望九龙城寨。（图／佚名）

第二章
香港影像故事

"那里没有街道,只有漆黑、堆满了垃圾的走道。在香港,曾经有四万人挤在那个黑暗的、具有传奇色彩的贫民窟里,他们中有难民和罪犯,有牙医和妓女。在1993年这个地方快要被拆除的时候,一位摄影师鼓起勇气到这座迷宫里一探究竟,并且拍下了一些绝无仅有的照片。"这是德国《明镜在线》在刊发这一组九龙城寨的照片时,对这个地方的描述。

九龙城寨,大小只有约2.7公顷,却是香港曾经的一块奇特之地。

鸦片战争以后,香港岛被英国割占,九龙半岛地位岌岌可危,两广总督耆英奏请修建九龙城寨"以便防守"。清政府于是在白鹤山南麓距海三里的一片官荒地上修筑了一座周长199丈的石城。1847年5月31日完工后,该城成为清政府在今香港地区的政治、军事中心。

在1898年英国租借"新界"的谈判中,清政府官员坚持保留对九龙城的管辖权,因而在《展拓香港界址专条》中规定:"所有现在九龙城内驻扎之中国官员,仍可在城内各司其事,惟不得与保卫香港之武备有所妨碍。"

1899年4月,因英方迫不及待提前接管新界,引发了当地中国居民反抗武力接管的斗争。英国政府以此为借口,派兵强行占领九龙城,将城内的清朝官兵驱赶出城。英军违反"专条"强占九龙城一事,引起清政府的不断抗议。

本来《展拓香港界址专条》就是一个不平等条约。英国政府竟得寸进尺,企图否认条约保留的中国对九龙城的管辖权。这引起了历届中国政府的注意和反对。因而,九龙城问题成为一个十分敏感的问题。因香港英国当局强迫城内中国居民拆迁,在几十年间风波迭起,导致中英两国多次进行外交交涉。

约 1910 年九龙城寨的南门（正门），附近有弃置的古炮。20 世纪 90 年代兴建九龙城寨公园时，图中的南门牌匾被发现，现置于公园内。（图／佚名）

历届中国政府都坚持拥有对九龙城的管辖权，但由于种种原因，20 世纪以来中国未能实际行使管辖权，没有重新派遣官员和军队进驻九龙城。由于中国政府对管辖权问题态度坚决，英方亦未敢长期占据九龙城。这种特殊情况，使九龙城实际成为一个"三不管"的地区。

很长一段时间内，九龙城寨成为犯罪活动滋生的温床，城寨中存在着最出名的妓院、赌场、鸦片烟馆等。由于当时的港英当局不承认内地的医生资格，城寨成了大量内地无照牙医和各样中医诊所的集中行医地。九龙城寨成为香港中心地带的一个奇特黑暗的世界。城寨没有法律，漠视基本服务、规划条例或建筑标准，但它不但继续存在，而且蓬勃发展。那位在德国《明镜在线》上刊登过九龙城寨图片的摄影师格雷格·吉拉德（Greg Girard）后来出了一本书——《黑暗之城：九龙城寨的日与夜》。书中这样描绘道："城寨没有宽大的道路，只有几十条小巷子，所以除了少数单车外，没有其他车辆行走。这空间不超过四英尺，你从外面平安又平淡的世界一头栽入时，外边安全的世界已消失，陡然向下的巷子，蜿蜒曲折，把你吞噬于城寨之中。古庙的前庭上方架起一张铁丝网，用来阻隔楼上窗口不时丢下的垃圾，结果铁丝网布满陈年秽物，阳光穿过它洒下，犹如在森林中，光线从叶间渗

1966年，九龙城寨东南角。（图／佚名）

1973年，从贾炳达道（东正道交界）方向拍摄的九龙城寨航摄照片。（图／佚名）

下斑驳的光影。虽然各座大厦紧贴在一起，但它们有各自的历史，就像地下铁里挤靠在一起的陌生人。"

由于特殊的地理和人文环境，作为"三不管"的法外之域，九龙城寨这个黑暗之城在文学艺术领域很早就受到关注，并且散发出诡异的魅力。它特殊的环境，更像是一座超乎人类现实社会的幻想之城，与周遭的日常生活格格不入。因此九龙城寨的环境，迄今为止已经给大量的艺术作品，特别是电影和游戏产业提供了重要的灵感，比如电影《九龙城寨之围城》《攻壳机动队》《银翼杀手》《龙城岁月》等，还有许多

香港影像志
Hong Kong Images

1993年4月30日，正被拆除的九龙城寨。1993年3月，拆除工作正式开始，整整一年时间，九龙城寨才彻底清理完毕。（图/Paul Lakatos/South China Morning Post/Getty Images/CFP）

1995年12月22日，坐落于九龙城寨原址的九龙城寨公园，正式对市民开放。图为九龙城寨公园全景。（图/WAN KAM-YAN/South China Morning Post/Getty Images/CFP）

2019年2月24日，游客在位于香港中环嘉咸街的壁画前留影。近年来爆红的这幅壁画描绘的是香港九龙城寨的昔日景象。每逢周末众多游客慕名前来"打卡"拍照。（图/张炜/CNSPHOTO）

游戏如《生化危机6》《使命召唤之黑色行动》等。在1993年九龙城寨清拆前，成龙曾在此拍摄电影《重案组》，一群日本探索家甚至来此，用一星期时间描绘城寨地图。

1984年12月19日，中英两国签署了关于香港问题的联合声明，恢复中国对整个香港地区行使主权的问题得到解决，恢复中国对九龙城的管辖权就更不成问题了。在新的历史背景下，香港特区政府提出准备清拆九龙城寨，并耗资数十亿在原址上兴建公园，城内四五万居民将获赔偿安置。经过一段时间讨论，中英双方达成一致意见。

经过4个月的规划，九龙城寨的拆除工作于1993年3月23日开始，并于1994年4月结束。九龙城寨公园的建设工程于次月开始。今天，昔日九龙城寨所在地区，已建设为九龙城寨公园。1995年8月，这座占地31000平方米的公园竣工并移交给香港市政局。公园的设计以清初江南园林为蓝本，分八个景观特征，以完全修复的衙门为中心。公园的小径和亭台楼阁以城墙或城市街道和建筑物命名。一些来自城墙的文物，如五块刻石和三口古井，也在公园内展出。承接公园设计工作的建筑服务部还因此获得了德国中央园艺学会颁发的设计优异奖。

香港影像志
Hong Kong Images

"马照跑"的香港赛马会

|文·黄艾禾|

1873年，香港赛马场。（图／William Pryor Floyd）

第二章
香港影像故事

"马照跑、舞照跳",这是回归以后人们对香港实行"一国两制"、保持香港生活方式不变的形象描述。

1841年,英国人占领香港岛,他们把自己喜爱的赛马活动也带了过来。首任港督璞鼎查为了改善环境卫生,下令清理位于港岛黄泥涌一带蚊虫成患、病菌布满的沼泽,然后在这片荒地上兴建马场,引入英式赛马活动作为娱乐,将黄泥涌命名为快活谷,即今天的跑马地。

1845年,香港开始举行周末大赛马。1884年10月,由于赛马次数增多,香港正式成立"香港赛马会"。马会的第一次筹备会议在香港大会堂举行,成员来自包括德国会所、美国会所、西洋会所及各国洋行的外国人。当时的马会不准华人入会,只可以当来宾。这种做法伤害了香港华商的民族感情,认为赛马会歧视华人,便在1920年组织了一个华人赛马会,在粉岭设马场跑马。在这种情况下,香港赛马会在1927年象征性地吸收何甘棠、容显龙两位华人为会员。

1959年,香港赛马会获颁英国特许状,改名为"英皇御准香港赛马会"。不过这个名字只用了17年,1997年香港回归前夕,马会的名字又改回"香港赛马会"。

平民化后的香港赛马,在赛场上,不分国籍、无论贫富,大家为同一目标或欢呼、或哀鸣。马迷们会认真钻研"马经":它们的"家谱",它们一周前的表现,它们现时的状态……甚至当进场后得知赛事因某种原因被取消时,马迷们也会保持良好素质,秩序井然地散去。因为他们深知"闹事"只会影响下面的正常赛事,也就影响正常的发财机会。所以有人评论:当拦马柱一起,万

217

1950年，香港赛马会照片。（图／美璋照相馆）

马奔腾万众欢呼时，谁会想到这竟还是一种"安邦定国"的谋略呢？

在香港赛马会历史上比较特别的一段是二战时期，日本人占领香港数月后，为了美化历史，赛马竟然又照常进行，只是把著名的跑马地"快活谷"改名为"青叶峡"。由于马匹奇缺，经日本军政府治下的马会讨论后，决定"起用"在尖沙咀一带拉车的马前来滥竽充数，结果这些拉车的马毫不领情，在马场上悠然自得地漫步，根本不理会观众席上呼喊的人们。

战后，香港赛马业经历了一个极为重要的阶段，即比赛手段走向了现代化。1952年，香港赛马业开始试机赛，一改近百年来人工撕票的方式，由机器来操纵点票。这大大方便了马迷，前几名马的名次很快就会出现在显示板上。马匹起步用的"闸"

第二章
香港影像故事

1961年11月，香港赛马会在跑马地赛马场举办的一场比赛里，一位女士旁若无人地补妆。
(图/Popperfoto/Getty Images/CFP)

也多次改进，日趋科学、安全和合理。更重要的是，香港赛马转入全面的职业化，这或许是香港百年赛马史的一个根本性的转变。

1971年，香港赛马会发展成为一个专业机构。马会获准在新界沙田兴建第二个马场。沙田马场发展至今，不但能容纳8.5万名观众，且汇聚顶级的马场设施，包括

219

2022年10月1日是国庆节,香港赛马会于沙田马场举行国庆赛马日赛事,吸引市民入场。(图／李志华／CNSPHOTO)

一流的世界级跑道、世界首个配置开合式天幕的马匹亮相圈,因而被誉为全球设备最完善的马场之一。

2018年8月,投资37亿港元兴建的香港赛马会从化马场正式开幕,为香港赛马运动开启了"两地马房运营模式"。随着越来越多香港赛马北上广州驻训,从化马场逐渐发挥积极作用——不少马匹回港后立刻交出好成绩。

香港赛马会每年在沙田和快活谷两个赛马场举行近700场赛马。经过多年发展,如今"香港国际赛事"已增至4项锦标,包括同属国际一级赛的香港杯、香港一哩锦标、香港短途锦标及香港瓶,整项赛事更赢得"世界草地锦标大赛"美誉。

在2001—2002年赛季,马会共有1144名马主、24名练马师及35名骑师,以及1435匹马接受训练。2002—2003年间,马会投注额为710亿港元。在支付580亿股息和 95 亿博彩税后，其博彩佣金收入为 39 亿港元，贡献了香港 11.7% 的税收。其营运盈余分配给香港赛马会慈善信托基金。许多香港人及访港旅客必到的海洋公园、香港体育学院、香港科技大学及遍布港九的健康保健中心等，都是由马会捐款兴建的。1960 年成立的香港赛马会教育基金，已经至少为 15 万名学生提供了助学金。

马会的慈善活动主要是针对香港本地。马会对内地的慈善事业主要是为内地学生提供奖学金，以及对一些灾难性事件（如汶川大地震）进行捐赠。每年的慈善捐款总额达 10 亿元以上，是香港最大的慈善资助机构。

香港赛马历史悠久，它广泛渗透到香港的各个角落。香港人为什么如此喜爱这项活动？100 个人会有 100 种说法。

不过有一种感受，很多马迷从不否认：在马匹全力冲向终点的短暂时间内，一切烦恼都忘记了。

曾有人这样说：只要有成片的建筑，人们抬头就会发现熟悉的赛马会标志；只要打开电视和广播，就能找到关于赛马的信息；公园是马会修的，医院是马会建的，学校是马会资助的，香港人已经越来越离不开赛马了，赛马也越来越成为现代香港的一个重要城市标志。

香港影像志
Hong Kong Images

工展会：香港经济起飞的记忆

|文·黄艾禾|

1954年，香港中区填海区工地，第十二届工展会。（图/Norman Gan-chao/Claremont Colleges Library）

每年年底，香港的维多利亚公园都会热闹非凡，"香港国际工业出品展销会"（简称工展会）在此举行，推广香港工业产品，拓展香港对外贸易，至今，工展会已办到了第五十六届。

工展会创办于1938年，至今已有80多年历史。20世纪30年代，因内地征收关税，港商在内地的销售市场遭遇挫折，决定开拓南洋市场。1935年，香港参加新加坡的"第一届中国国货展览会"，迅速将南洋拓展为主要出口市场之一。在港货成功打开海外市场之后，港商们立即转身发展内销市场。

1938年，日本一边侵略中国国土，屠杀国人，一边向中国大肆倾销日货，为了唤起同胞对国货的热诚，以抵制日本货，2月4日香港中华厂商联合会与香港基督教女青年会合办首届中国货品展览会，即工展会，为期54天，地点在中环铁岗圣保罗书院。此为工展会之开端。当时的"国货展览会"虽然没有表明对抗日本，但其"抗日"的意义是存在的。

因国货展览会的成功，中华厂商联合会萌生了每年举办国货展览会的念头。1939年农历新年期间，第二届国货展览会在九龙华南中学举行，当时参展厂商达70多家。

第三届于1940年2月在摩理臣山的一块空地（今伊利沙伯体育馆所在地）举行，参展厂商超过100家，当时的香港总督罗富国也到场参观。从第四届起，国展会改在圣诞节期间，于九龙尖沙咀半岛酒店旁的空地（今天喜来登酒店所在地）举行，使1940年成为唯一举办过两次国货展览会的年份。

1941年12月8日，日军入侵香港，当年展会流产。日军占领香港期间，

1934年9月1日,香港中华厂商联合会举行成立大会,叶兰泉出任大会主席。（图/佚名）

1938年2月4日,香港中华厂商联合会在中环铁岗圣保罗书院合办国货展览会,乃工展会之始。（图/佚名）

国展会停办,直到1948年复办,仍于喜来登酒店现址举行。1951年,国货展览会改为"香港华资工业出品展览会",即"工展会"。1957年,工展会首次使用橱窗摆放产品,并以"港人用港货"为大会口号。1961年,改称"香港工业出品展览会"。1967年第25届工展会取名为"银禧工展会",在红磡新填海区（今红磡站所在地）举行,政府亦首次参与。

1970年，第二十八届工展会于湾仔新填地举行。（图／邱良）

从 20 世纪 50 年代起，香港的经济开始起飞，推行出口导向型战略，重点发展劳动密集型加工产业，其中玩具业、制衣业、电子业及钟表业等迅速崛起。1954 年，全港登记工厂约 2400 家，属下工人 10 万余人；未登记的小工厂或家庭工业工人约 10 万人。到 1957 年，登记工厂增至 3400 余家，整个制造业从业人员超过 35 万人，占当年香港总人口的 13%，外销产品占当年出口总值 30 亿港元的 37%。

香港是个缺乏资源的城市，发展工业，殊非容易。1999 年，陈宝珠演唱的《工厂妹万岁》在香港家喻户晓，唱出了香港年轻女性"上班自立，下班读书"的时代新风尚。家家户户开办小企业，人人兢兢业业勉力图强，香港人的打拼精神，也就是在那个时代开始形成的。

到了 20 世纪 60 年代，美国、西欧、日本等发达国家大量先进科技、现代化的生产和管理方法传入香港，加上内地对香港经济发展的支持，促使香港工业迅速发展，

1952年,首届"工展小姐选举"季军冯亦薇女士,是当届最为人熟悉的工展小姐。(图/佚名)

2013年1月7日,第四十七届工展会"工展小姐选举"颁奖礼在香港维园工展会举行。威马企业有限公司代表郑燕虹(中)摘取后冠,亚军由香港中华煤气有限公司代表张旭(左)获得,季军得主为和兴隆潮州花生糖有限公司代表江金镁(右)。(图/邓庆乐/CNSPHOTO)

2022年1月1日,第五十五届工展会。(图/张炜/CNSPHOTO)

香港成为新兴工业化地区，90%以上的本地制造产品用于出口外销，逐渐打入欧美市场。1963年，香港本地出口货品占总出口的3/4以上，到20世纪70年代初上升至4/5以上。这一时期的香港工展会，成为香港经济腾飞的象征，每年的工展会必成为一大盛事，香港总督亦会亲自到场。当时的会场所在地还是荒地，主办单位必须铺置电灯、水管、电话线、渠道和厕所等设施，香港中华厂商联合会还会请来童子军协助维持交通秩序，不准车辆驶入。

对于二十世纪五六十年代的香港本地工业来说，工展会是一个百花齐放、竞争激烈的展销场。当年电视还未普及，宣传途径不多，工展会是向消费者直接推销产品的良机；而长达半个多月的展期，更是市民一年一度的重头娱乐节目。入场的市民不但有免费礼品，还可看到邵氏明星，投票选出心目中的"工展小姐"。在当时还不流行选美活动的年代，工展会琳琅满目的商品和节目都令市民乐而忘返，犹如一个平民嘉年华。

选"工展小姐"，可谓是香港选美活动的始祖。1952年，工展会首次推出这个节目，目的在于宣扬妇女参加生产的美德，所以大会评审除了看外貌，更看重其服务精神。首届最为人熟悉的"工展小姐"便是获得季军的香厨味粉公司摊位售货员冯亦薇，她得到的奖品是一袋糖果饼干和若干盒"驱风油"。

直到1974年，由于当时香港各填海区相继发展，当局认为适合举办大型户外活动的场地不足，导致工展会在1974年至1994年间停办。

1994年，香港厂商联合会创会60周年，工展会在香港会议展览中心再次举办，改名为"香港国际工业出口展销会"。2003年，工展会地址开始移至维多利亚公园。

随着内地改革开放，香港工业纷纷北移后，香港工展会的角色也转为积极推进港货打进内地市场。2004年，首次在上海举行了"香港工展会·上海"，后来又陆续在深圳、武汉、重庆、北京等城市举办香港工展会，加深了内地消费者对香港品牌的认识，也成为香港旅发局每年向内地推介的重点项目。

香港影像志
Hong Kong Images

广九铁路：连通粤港血脉

| 文 · 黄艾禾 |

1910年10月1日，香港广九铁路建成通车。（图／佚名）

第二章
香港影像故事

广九铁路，即从广州到香港九龙的铁路简称，又称九广铁路，也就是九龙到广州的铁路，这是香港的叫法。这条铁路的中间节点，就是著名的罗湖口岸，那里既是内地与香港的连接处，也是内地与香港的分隔关隘。

1864 年，英国人占领香港的九龙地区 4 年后，英国工程师史蒂芬森就提出要修一条从九龙到广州的铁路，以便于英国将货物和人员运往中国内地市场。30 年后，这一想法又被英方提起来。

1899 年，中英双方签署《广九铁路草合同》。按这份草约，广九铁路计划修筑 121 英里，中间以深圳罗湖桥为界，分为两段，其中靠近香港一段的铁路长 22 英里，由英国政府负责修建，资金由英国政府在香港发行公债筹集；另一段铁路长度为 89 英里，由清政府负责修建。但是当时的中国根本无力支付高昂的铁路修筑费用，无奈之下向英政府借款。1907 年，中英政府签订了借款合同，借款总额达 150 万英镑。

这条铁路的修建从一开始就困难重重。清政府负责的那段铁路，仅修建铁路拱桥一项就创造了当时世界铁路筑路史之最。铁路全线共修建 7 座铁路桥，其中石厦桥、东莞桥、石龙桥都是相当复杂的工程，耗费资金、人力巨大。当时清政府特地聘请了著名工程师詹天佑来做总工程师。

而近香港段铁路从罗湖桥到尖沙咀，铁路虽短，筑路费用却是当时世界筑路史上最昂贵的。据统计，每公里的建造费用高达 120 万英镑。因为全线要开凿 6 个山洞，修筑 38 座桥梁，还要填补数不清的海边鸿沟。

229

广九铁路尖沙咀终点站的月台在 1914 年 4 月首先运作；车站则于 1916 年 3 月 28 日全面启用，而钟楼于 1921 年投入服务。（图／九广铁路公司提供）

20 世纪 70 年代的九龙总站钟楼。（图／九广铁路公司提供）

1979 年 4 月 4 日，港穗直通火车服务中断 30 年后恢复通车。通车剪彩仪式在广州举行，由铁路部副部长耿振林主礼，港督麦理浩亦有出席。（图／South China Morning Post/Getty Images/CFP）

其中的笔架山隧道更是长达 2.4 公里。这样的长度在现代化的盾构机、掘进机面前是小菜，但是对于 20 世纪初的人们来说却是异常艰难的工程。在施工中，有 50 多名工人先后丧生。

经过艰苦努力，这条铁路的近香港段于 1910 年建成，它的另一段于 1911 年（辛亥革命爆发的那一年）建成通车。为了把这条路修建到九龙半岛的最南端，当时的港督弥敦不惜花巨资在尖沙咀进行填海工程，并建造了广九铁路尖沙咀终点站和钟楼，于 1916 年正式启用。钟楼高 45 米，楼顶另设一根 7 米长的避雷针，以红砖和花岗岩建成，巍峨耸立，当时人们无论在陆路还是在海上都能看到它。因此多年来，它一直被人们当作香港的标志之一。现在广九铁路终点站虽然已经迁移到九龙红磡，但是钟楼至今仍然耸立在原地，并于 1990 年被列为香港法定古迹之一。

通车典礼举行过后，全线单轨的广九铁路正式投入营运。史料记载，当时从香港到广州的旅客，从九龙登上火车后，要在罗湖下车过关，再登车前往广州。

广九铁路的开通，进一步促进了广州与香港间的贸易往来。到了 1936 年，"大埔淑女"号列车曾用 2 小时 15 分钟就从九龙总站行至广州大沙头站。

但是 1937 年抗日战争爆发后，受日军空袭的影响，广九铁路的服务能力大大受限。广州沦陷后，广九铁路近内地段彻底停止运行。

1941 年，日军开始发动对香港的进攻，英方不得不炸毁广九铁路近香港段的不少设施，来阻碍日军的前进，但是香港还是在这一年年底沦陷。

1949 年，解放军进驻广州，广九直通车停止运行。广九铁路以罗湖为界，乘客到此必须下车自行过境，铁路再次分为两段。

1973 年，广九铁路的近香港段开始双线改造工程。1978 年，港英政府投入 35 亿港元的巨资，开始广九铁路近香港段的全线电气化改造工程，并修建了现代化双线设计的新笔架山隧道。

1979 年 4 月 4 日，广州站开出了新中国成立后的第一列港穗直通车（91 次列车），列车经 3 个小时的行驶后，到达香港九龙红磡站。1984 年，广九铁路近内地段（广深铁路）也启动改造。至香港回归时，广九的直通列车达到了每天 6 对的开行数量。截至 2018 年，广九直通车每日开行数量已达 12 对。斗转星移，今天从内地去香港，已经可以乘高铁了。

20世纪70年代末，红磡九龙车站的外观。（图／九广铁路公司提供）

1975年1月，兴建中的红磡九龙车站。九龙车站取代尖沙咀的旧车站作为九广铁路总站，并于1996年初改名为红磡站。（图／九广铁路公司提供）

1979年4月4日，直通车客运服务恢复，首班驶过罗湖桥的直通车。（图／九广铁路公司提供）

2020年11月1日，市民于香港铁路博物馆享受亲子时光。（图／李志华／CNSPHOTO）

广深港高铁，是中国华南地区连接广州市、东莞市、深圳市和香港特别行政区之间的高速铁路，北起广州南站、南至香港西九龙站，线路全长141公里。广深段设计速度为350公里／小时，香港段设计速度为200公里／小时，截至2018年3月，广深港高速铁路广深段累计发送旅客1.84亿人次。这是另一条联结内地与香港的大动脉，而且更快捷，从广州南站至香港西九龙站最快行车时间仅47分钟。当然，广九铁路仍然在运行，一如既往地为沿途旅客服务。香港铁路博物馆里陈列着已有百年历史的313号火车车厢。313号火车车厢于1921年投入服务，属于三等车厢，主要行驶于尖沙咀至罗湖段。20世纪80年代初，广九铁路全面电气化，313号火车车厢正式退役。2020年，香港文物修复办事处修复了这一香港车龄第二大的火车车厢，送至香港铁路博物馆。

除此之外，广九铁路的石龙南桥、罗湖桥、旧大埔墟车站、旧尖沙咀站钟楼、笔架山隧道、广九铁路办事处、广九铁路纪念园等，都被列入了中国工业遗产保护名录，成为珍贵的中国文化遗产之一。

香港影像志
Hong Kong Images

香港填海工程

|文·吴 健|

1994年10月27日，鸟瞰中环填海工程。（图/TONY AW/South China Moring Post/Getty Images/CFP）

第二章
香港影像故事

唐朝王建有首《精卫词》："精卫谁教尔填海，海边石子青磊磊。"这种神来之笔显然无法现实化，真正的"填海"从不像精卫那样千里迢迢去衔西山木石，而是一律就地取材：绞吸式工程船舶，开动泥泵机把泥沙吸上送入围好的泥塘，挖、运、填一气呵成……在被誉为"东方之珠"的香港，"沧海变桑田"的填海之路可谓历史悠久，并留下不同寻常的记忆。

自开埠以来，山多平地少的地理现状，迫使香港不得不以移山填海的方式来缓解发展的困境。一百多年来的填海工程，深深影响着香港的发展。

1842年，香港开埠第二年，就进行了一次非正式的填海工程——将因修建中环皇后大道及云咸街造成的大量沙石倒入维多利亚港，扩大了维多利亚城的面积。

1852年，香港第一个正式填海计划——文咸填海计划开始，填海位置位于今天上环的文咸东街一带，以扩大上环的面积。之后的六十多年中，港英当局进行了一系列填海工程，使香港岛北岸西至坚尼地城，东至铜锣湾。

1952年,密密麻麻的调景岭寮屋区。(图／佚名)

1971年,兴建中的香港中文大学,对岸为仍未填海的马鞍山。(图／佚名)

1997年,九龙半岛,红磡填海区。(图／邱良)

1945年，二战结束，香港百废待兴，当时无论港岛还是九龙，像样的楼房很少，为了筑路建楼房，政府开始向海要地。1946年，港英当局制订定计划，将昂船洲附近的高山夷为平地，填海连通九龙，并完成北角及靠近上环中区大规模填海，兴建多处大型码头。从那开始，古老的"渡船街"不能渡船，"浣纱街"不见滴水，"新填地街"难闻涛声、中心街道难见海天的香港市区中心街道……

1953年石硖尾大火，不少港人居无定所，港英当局又一次发起大规模填海计划，结果，耸立而起的多是豪宅，为平民建造的住宅区却多在山边僻壤（如白田、牛头角、油塘等），陋室大多两层。其间，港英当局不断填海，但所谓"造福于民"的填海几乎成了为官商创利、创利于官商的买卖经营，港英当局不断把土地卖给承建商，后者不失时机地大兴土木建楼宇。几十年间，香港建起了难以胜数的高楼大厦，但直至20世纪70年代，港英当局才开始兴建7层以上的楼房解困安置楼。

如果说"沧海桑田"是一种漫长的历史渐变，那么只用了短短40年，香港这一弹丸之地的香港就填出2150公顷土地，相当于四个澳门半岛的面积。1996年，已进入回归倒计时的港英当局又通过有关法例，在九龙角、中环、湾仔、尖沙咀、荃湾等区域填海636公顷。细细一算，50年间，香港的填海总面积是港岛的四分之三。

客观地说，香港几十年填海，确实为城市建设和社会文化等增色不少，但随着全球环保意识提高，1997年回归后的香港在填海方面变得越来越慎重，尤其基于1983年《海港填海及市区发展研究》推进的五期填海计划在后续施工时更注重与民众沟通，回应社会关切，像中区三期填海工程还经历了司法审判程序，香港特区政府专门印制宣传册，澄清市民有关维多利亚港是否因填海变成"维多利亚河"的疑虑，强调填海不会无休无止，对保护和保存维港这一天然资产有切实的历史担当，所有填海活动都严格遵守《保护海港条例》等有关规定进行。

香港特别行政区行政长官林郑月娥在2018年度施政报告中提出未来二三十年香港长远发展愿景的"明日大屿愿景"发展计划，计划在交椅洲和喜灵洲附近分阶段填

2006年11月12日,耗资2.6亿港元,室内设计和装修费用约1200万港元的香港新天星码头开始营运。(图／洪少葵／CNSPHOTO)

2007年7月11日,在香港已经停止运作的皇后码头,有保护文化遗产的人士要求政府保留码头原貌。(图／邓庆乐／CNSPHOTO)

2015年2月3日,"港珠澳大桥香港口岸—填海及口岸设施"工程。为了尽量减少填海对环境的影响,香港首次采用不浚挖式填海方式进行填海。(图／张宇／CNSPHOTO)

1998年,坐落在填海区的香港国际机场鸟瞰图。(图/View Pictures/Universal Images Group/Getty Images/CFP)

海兴建人工岛,填海面积达1700公顷。除人工岛填海外,"明日大屿愿景"亦包括北大屿山周边水域的近岸填海工程、兴建策略性交通基建及升级现有道路基建等工程。新一届特区政府仍在研究和推动这个计划。

香港影像志
Hong Kong Images

香港的怀旧与长情

|文·卢 哲|

1958年,香港仔的黄昏。(图／何藩)

第二章
香港影像故事

　　用黑白相机记录的年代街角、用素描绘出的香港风土建筑、用乐高拼图拼出的唐楼巷陌、用图文描绘的变化中的九龙海岸线、用口述及文字记录的东方之珠往昔故事……这是近年来在香港流行的"怀旧"方式——他们说，这是他们的"集体回忆"。

　　"集体回忆"在香港是一个"高频"词汇。人们重温着旧照片、漫画、音乐或者寻觅街头地道的小食，分享着"共同承载的回忆"。有时，在盛夏的中环海滨，会有一个1949年开业、1997年结业的"荔园游乐场"短暂的"归来"，临时的园区搭建出昔日港人记忆中游乐场里的娱乐设施，"重现港人的集体童年回忆"；有时，在港岛一隅，会有名为"记忆像铁轨一样长"的展览，以有百多年历史的香港电车"叮叮"为主题，展出老照片、海报、油画甚至古老的零件、模型和车票……"重现陪伴港人成长的集体回忆"。香港人说，电车在蜿蜒的铁轨上旦夕穿梭，叮叮声陪伴香港和香港人成长，它的故事就是香港的故事，就是每个人自己的故事——"集体回忆"也一样。

　　近年来，"怀旧"刊物大量出现，旧照片风潮尤为引人注目。商务印书馆、中华书局、三联书店等香港知名出版商分别推出了几十种以香港为主题的书籍，包括由香港考古学家陈公哲在1938年撰写的、被誉为"香港旅游书鼻祖"的《香港指南》八十多年后的原版复刻。此外，还有香港游泳史的故

241

香港影像志
Hong Kong Images

1959年,午后闲谈。(图/何藩)

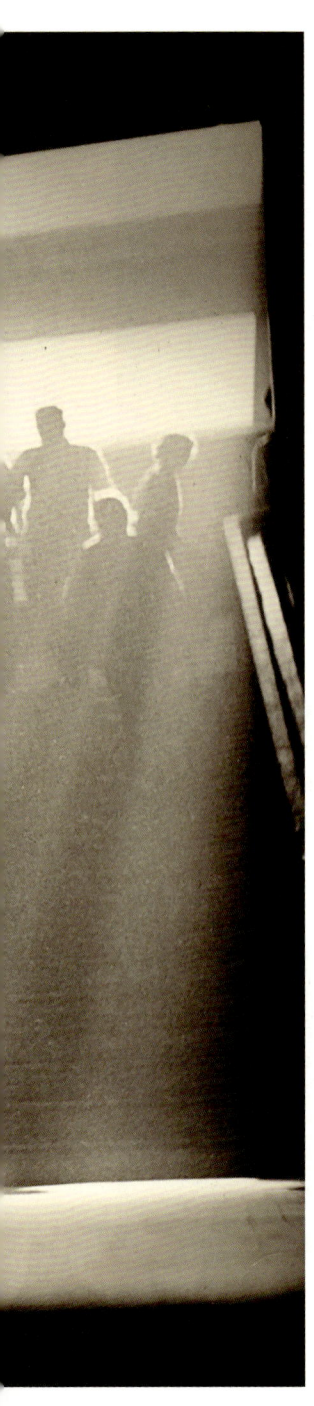

事；讲述 1899 年英国人接管新界时，因乡民反抗而触发的战争；也有 20 世纪 50 年代至 80 年代的荷李活道警察宿舍的家庭回忆；有 1946 年至 2011 年香港建筑从战后的重建至今的历程，细数公共屋村、市政大厦等香港建筑传奇；有香港电车 110 年、巴士 90 年、铁路 100 年、海上交通 170 年的时代故事……这些图文并茂的书籍，唤醒香港的"集体回忆"，也向年轻一代展示城市的发展历史。

在香港的书店，"怀旧"几乎是一个固定的主题，厚重色调的老照片结集成册，读者无论年龄大小，都驻足翻阅，乐于沉浸其中。旧照片打开了一扇从影像中窥视往昔的窗，重现了旧日香江或黑白或彩色的风情，让人们能回忆或者追溯这座城市的往昔和来路。

在香港的老照片之中，有几位颇有代表性的光影记录者，他们以相机为笔，菲林为墨，涂抹出当年的香江风韵。这些照片里，最令人着迷的，应该就是光影之中城市蓬勃的烟火气，尤其是芸芸众生相中，名不见经传的小人物们凝固的姿态里，绽放出的那种"向上"的精神。

照片中，你可以看到，清早的阳光从骑楼间如薄纱般缓缓笼罩下来，沿斜坡而上，一筐筐新鲜的瓜果蔬菜堆在街边，这是热闹的早市。熙攘的人群在挑选、对话、付钱，似乎有袅袅的薄烟从人群中升起，想来是有人点燃了烟斗里的烟叶。街市的上方，是骑楼人家晾晒的衣物。悬挂在窗外的竹竿横穿衫裤、被袄，朴素、残破却又能感知和触碰的色彩和花纹。

街道拐角，是磨损的石子路和木栅栏，光影之中，是努力讨生活的人们。他们或在搬运，或在行走，或衣衫褴褛，

香港影像志
Hong Kong Images

1961年，高士打道，丽人行。（图／邱良）

第二章
香港影像故事

1963年,北角春秧街,长辫子妈姐。(图／钟文略)

1961年,长洲,渔棚嬉春。(图/邱良)

1960年的一个中午，大人小孩三三两两，或站或立街边就餐，甚是热闹。（图／麦烽）

或旗袍摇曳。街道的一边，也许还有小童，还有小猫……

几十年后的人们依旧可以从那一张张老照片中，看到当时当地有一群怎样的百姓。人们定格的姿势和神态，不畏惧生活的重担，不烦忧物资的贫乏，他们更多的是苦中作乐的露齿笑容，是用心经营生活的一个个瞬间。他们席地而坐，他们拄杖前行，他们吃喝谈笑，狭窄的小巷边有宽阔的马路，一切都在变好——时代和生活的气息就如此从照片中扑面而来。

用香港著名摄影师何藩的家人的话来说：何藩镜头下的时代，有这座城市恒久不变的人情味。纯朴、平静及吃苦耐劳，是从那些经典的摄影作品中流淌出的香港味道。

何藩当时住在港岛半山区的麦当劳道。他曾说过："我住在半山麦当劳道……当

1960年代中期，香港沙田村民的生活。昔日的沙田既是农村也是渔村。（图／蒙敏生）

时没有地铁，（我）就背着相机，由麦当劳道半山走下去。路见横街窄巷，烟雾迷离，有些小人物，芸芸众生，草根阶层，弱势社群。我觉得他们所表达的一种香港精神，是最令我难忘的。小人物拼搏求存，一直在挣扎奋斗。"据说他拍照全凭感觉，因为能触动自己的事物，才能感动观者。他认为这样诞生的作品才会有灵魂及生命。何藩曾于笔记中提及，"香港人不辞劳苦、逆境自强、永不言败的拼搏精神"，以及香港的"人间有情"。

摄影师邱良也是为香港留影的记录者。邱良从1960年开始在街头拍摄市井百态，他以生动的镜头记录下当时的香港社会，他捕捉草根阶层质朴的感染力，同时在急速发展的社会中，保留一份闲情和俏皮。他为电影明星掌镜，也捕捉小朋友的童真岁月，记录那个质朴年代的生活点滴，被评价为"写实的画面中带着诗意"。

摄影师蒙敏生，视摄影为自己的生活方式。他记录香港底层市民的生活面貌，也在摄影棚里透过"观念摄影"手法，以表演、摆拍、置景、模仿等方式，拍摄他理想中的社会形象。生活于香港 20 世纪 50 年代到 80 年代的蒙敏生，以镜头捕捉香港，把那时代的社会形态、香港底层社会市民的情感，用沙龙摄影的艺术方式混合，描绘出的香港生活气象，具有另一种历史意义。

摄影师钟文略，喜欢捕捉生活与人情烟火，擅长把现实与光影糅合。他用相机记录香港的人文风景、寻找都市人情趣味，以唯美的故事影像刻画当年香港人的日常时光，并将之处理成令人难忘的黑白菲林作品，成为见证香港社会变迁的重要记录。

摄影师麦烽认为一幅照片的价值，不在于它是写实还是写意。他在《香港曾经是这样的》一书的后记中写道："应该着重的，是它能否反映或保存当时的文化背景、人的物质生活或感情生活。假若如此，写实也好，写意也好，都是有内涵的作品，是值得保存的影像。"

为何香港"怀旧"？"我想是因为这座城市发展得很快，在 20 世纪 50 年代成长的一批人，到现在已经慢慢变成老人家，到了喜欢回忆曾经的时候。"香港历史博物馆前总馆长、香港史专家丁新豹在几年前的采访中说。"现在的确有年轻人也陷入了怀旧中，因为他们没有经历过。其实过去也是有好的也有不好的，但年轻人容易把过往浪漫化。"丁新豹说，"我希望怀旧图书和文化产物的出现，能让大家对香港的过去有一个比较全面的认识，了解到社会都是慢慢发展的。"

而在"怀旧"的浪潮中，这些聚焦于二十世纪五六十年代的老照片，为何尤其让人动容？在香港那个战后复苏的年代，大众生活艰苦而简朴，社会却充满活力朝气。照片中呈现了当时香港人的朴素日常以及生活中的闲情逸致，不仅是许多经历过那个年代的人的"共同回忆"，也是一些没有经历过却渴望感受城市发展黄金期的人们心中的"黄金时代"。这些构筑出了香港特殊的"集体回忆"，或者说，是一种共通的精神——当年从全国各地来到中西文化荟萃之地的人们，在内地与香港频繁交往的大背景下，用拼搏、协作、同舟共济的"狮子山"精神，创造出了东方明珠的发展神话。

香港是一座"怀旧"的城市——只要你来得足够久，你就能发现这里的人们不愿意忘记一丁点过往，因此老照片和老建筑，都在这座城市愈久弥香；香港是一座长情的城市——只要你了解得足够深，你就能发现这里的每一个人都爱谈"人情味"，他

2018年8月24日,香港铜锣湾一商场的主题茶餐厅"罗麦记"里顾客盈门,店铺内有旧电话、旧海报、风扇邮箱,餐牌菜式也五花八门,50年代生活用品历历在目。(图/洪少葵/CNSPHOTO)

2020年1月8日,在铜锣湾,两辆叮叮车变身"动漫电车"穿梭在港岛街头,带领市民和游客重温香港往日情怀。位于铜锣湾的百德新街(西行)电车站变身"怀旧香港",将唐楼、大骑楼、冰室、电车等旧香港元素与动漫形象融入其中。(图/张炜/CNSPHOTO)

们愿意赞扬守望相助、同舟共济的"狮子山精神",尽力把美好的品质代代传承。

所以一首《狮子山下》的粤语老歌传唱了几代人:"同舟人,誓相随","抛弃区分求共对",狮子山精神成为香港人心灵的图腾。你说这座城市是精神怀旧,其实也是一种关乎所"来"之处、所"往"之地的"寻根"。

香港正在进入一个充满希望的新的时代。

2020年6月12日，五星红旗和香港区旗高高飘扬在狮子山前。狮子山精神永不灭。（图／张炜／CNSPHOTO）

CHAPTER THREE

第三章

香港文献辑录

HONG KONG
SELECTED ARCHIVES

注：本辑图片均属资料图片

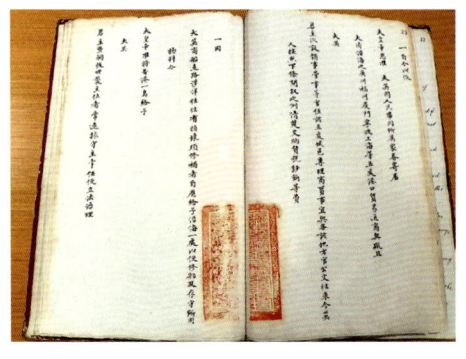

1842年,不平等条约中英《南京条约》中关于英国割占香港岛的条款。

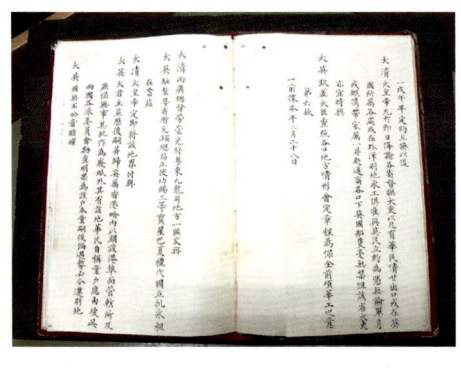

1860年,不平等条约中英《北京条约》中关于英国割占九龙的条款。

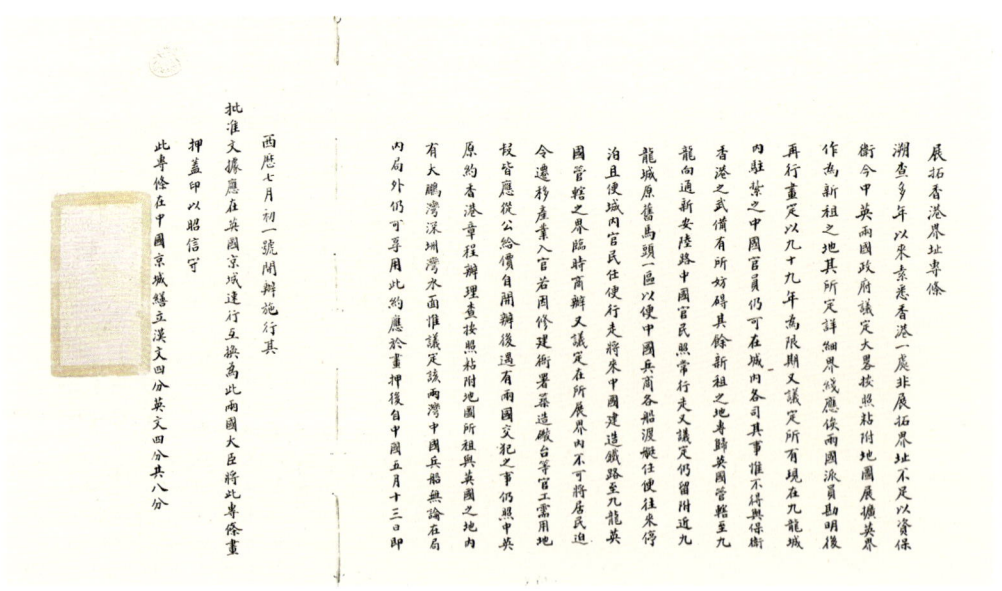

1898年,英国租借"新界"的不平等条约《展拓香港界址专条》文本。

第三章
香港文献辑录

1845—1865年间，绘有香港（左）、澳门（中）、广东（右）风景的扇子。

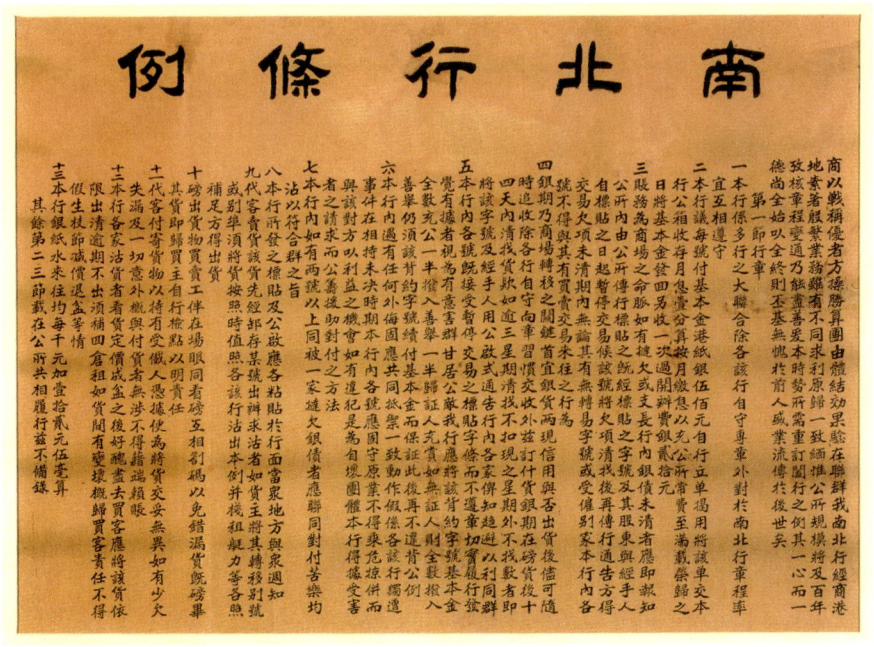

19世纪中叶，《南北行条例》。

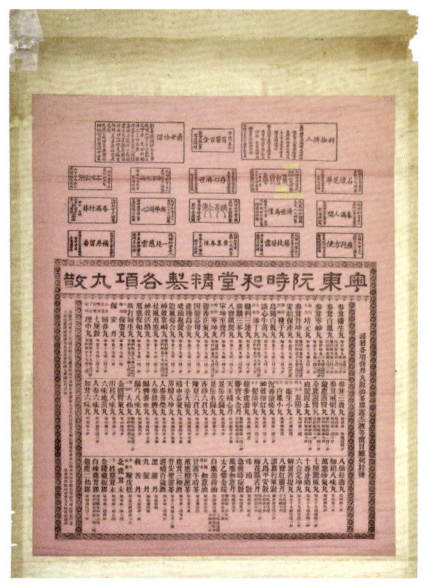 

1874年,《香港普安保险兼货仓有限公司》保险题材广告画,背后粘贴粤东阮时和堂中药广告,是目前所见年代最早中文保险广告,内容详细罗列中外代办保险业务各商号名单。

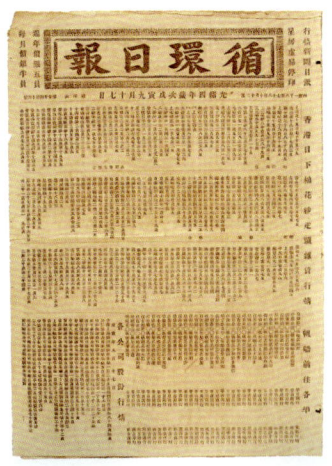 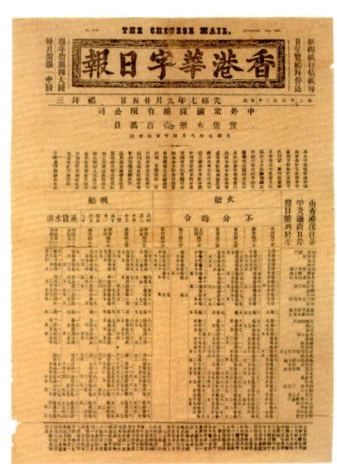

1878年的《循环日报》。该报1874年创办,是第一家能反映香港华人舆论的报纸。清末著名学者王韬任主编。他曾在该报发表大量关于改良主义的政论文章。

1881年的《香港华字日报》,该报是1872年由《德臣西报》译员陈蔼廷在香港创办的中文报纸。

第三章
香港文献辑录

1910年，香港大学奠基仪式使用的金铲。

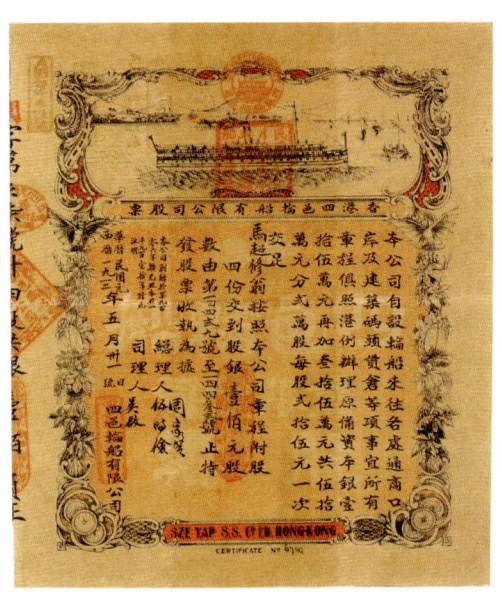

1912年，香港四邑轮船有限公司股票。

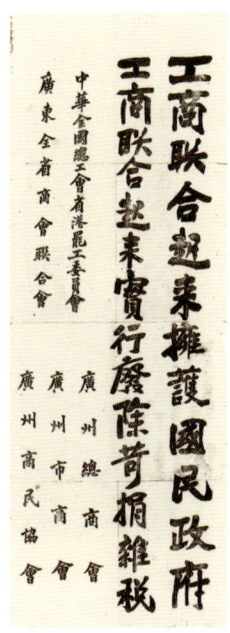

1925年，省港大罢工大型布告。

20世纪20年代,香港酒店及半岛酒店广告招纸各一枚。

香港天真石印局发行的以"毋忘"为主题的九一八事变宣传海报。

20世纪30年代，香港广生行月份牌。

1933年，屈臣氏大药房洒金古代人物月份牌广告画。

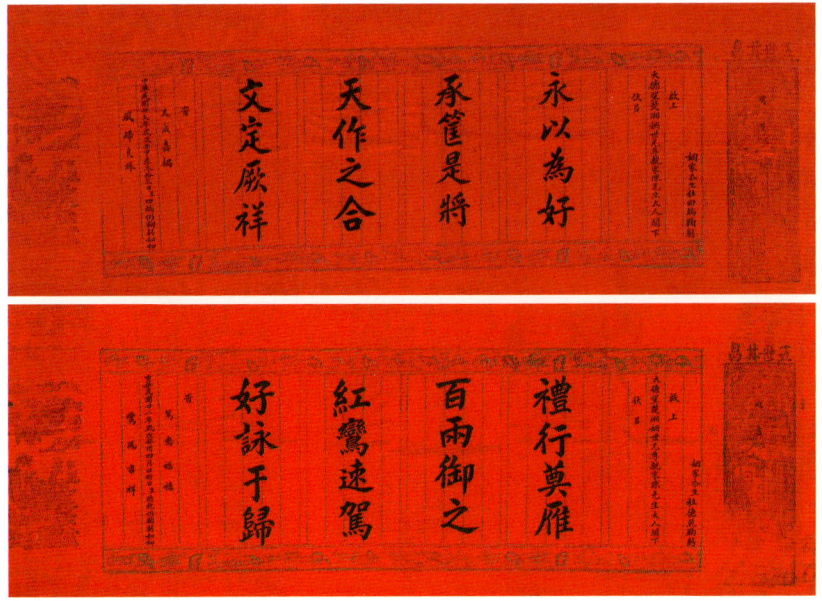

香港著名闽籍华商杜四端侄子杜其瑞1933年结婚时的柬帖。杜四端系主婚人。该柬帖经叶伟彰博士牵线，由杜其瑞之子杜祖念老师捐赠给岭南大学香港与华南历史研究部。

1938年初版的《香港指南》，是现存最早的香港旅游指南书之一。

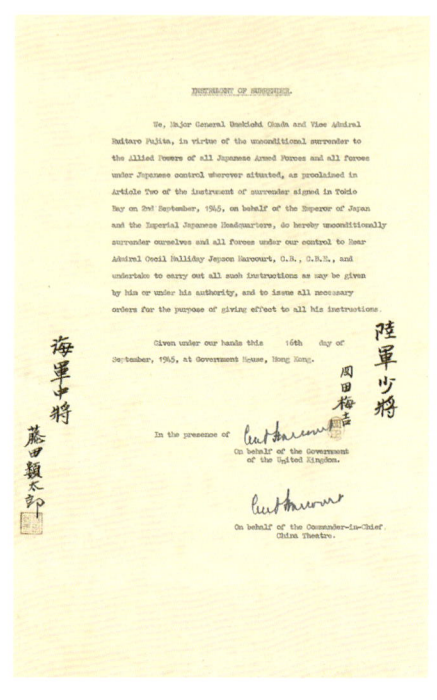

1945年9月16日，驻港日军在香港签署投降协议书。

1949年，港九各界侨胞慰劳人民解放军筹募集委员会制"庆祝广州解放"慰劳解放军募集军费卡片。

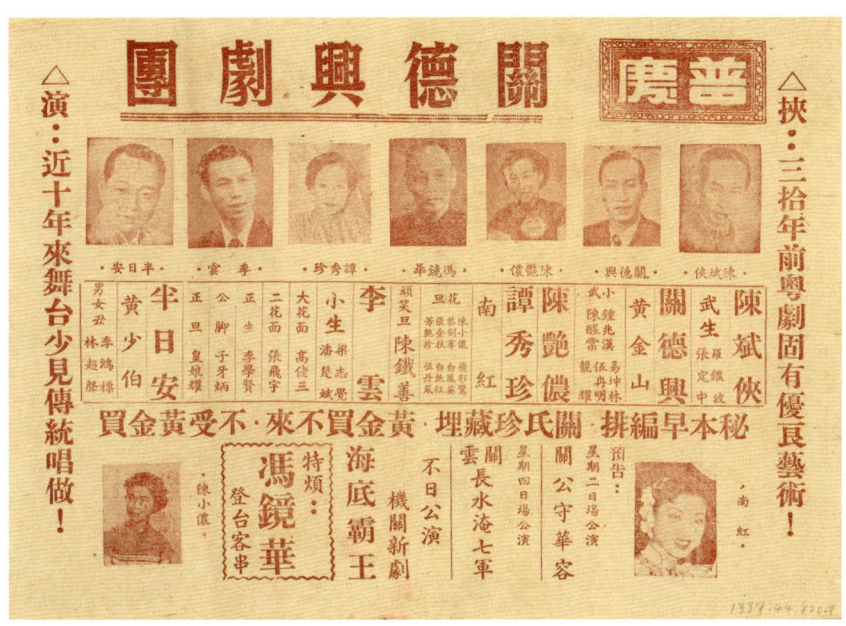

1954年，关德兴剧团戏桥（节目单）。

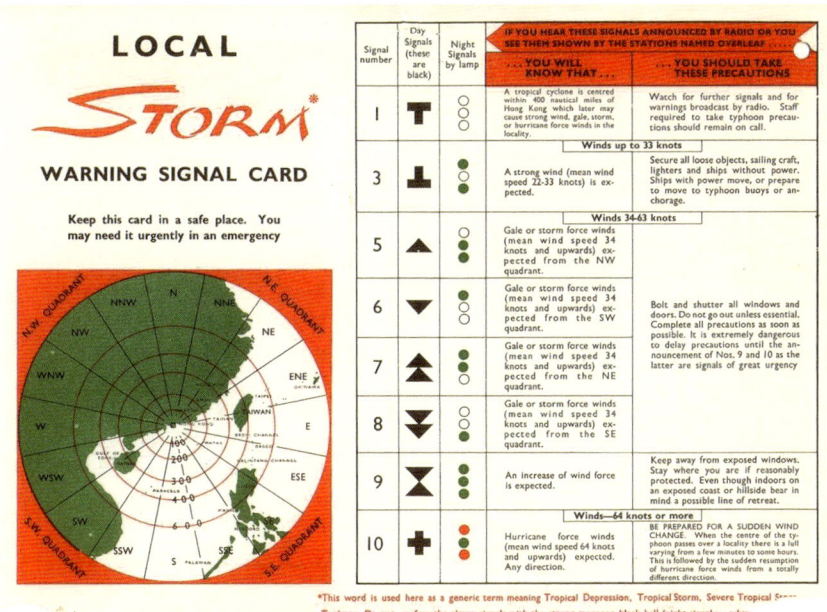

约 1960 年前后的香港本地热带气旋警告信号。

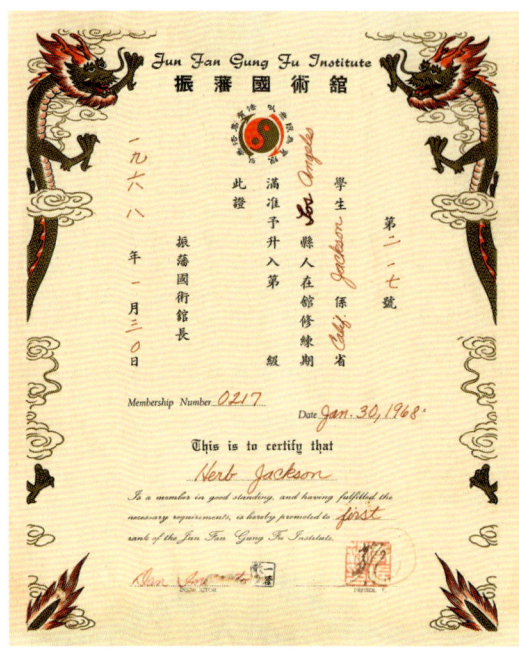

1968年，李小龙开设的振藩国术馆证明。

1969年，香港时装纸样。

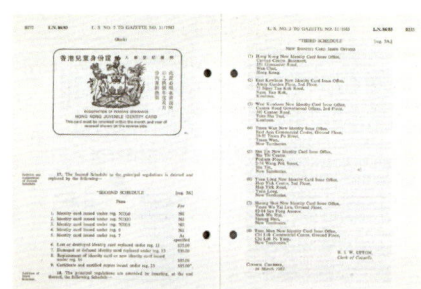

1973年度香港小姐竞选活动入场券。

1983年3月16日，香港报纸上刊登的香港地区身份证设计稿。

1997年，以"热烈欢庆·香港回归"为主题的宣传画。

总顾问

刘蜀永 ｜ 香港地方志中心副总编辑、香港史专家

顾问

孙　扬 ｜ 南京大学历史学院副教授、香港研究所所长

王　苗 ｜ 著名摄影家、世界华人摄影联盟主席

严　浩 ｜ 香港著名导演

何威凤池 ｜ 香港影评人协会荣誉会长

许金晶 ｜ 独立书评人、文化研究学者

备注

部分图片因年代久远，拍摄者暂不可考，请知悉者前来联系，以期日后订正。诚谢！

作者介绍

李健，媒体资深图片编辑，多年致力于中国影像史志研究，编著出版"影像志"系列图书：《1949中国影像志》《澳门影像志》《北京城市影像志——新中国成立70年北京百姓生活变迁史》《我们正年轻——百年青春影像志》等，引起国内外学术界普遍关注。编著的图书曾入选"中华优秀传统文化普及图书"，华文好书榜，百道好书榜，京华好书等，受到新华社、中国新闻社、《人民日报》、《人民画报》、《环球时报》、《光明日报》、《中国青年报》、《文汇报》、央视网、国际在线、北京电视台等几十家主流媒体的报道。

图书在版编目（CIP）数据

香港影像志 / 李健编著. -- 北京：五洲传播出版社，2025.6. --（粤港澳大湾区影像志）. -- ISBN 978-7-5085-5313-9

Ⅰ. K296.58-64

中国国家版本馆CIP数据核字第20259M9J79号

编　　著：李　健
策　　划：北京风从虎文化发展有限公司
出 版 人：关　宏
策划编辑：梁　媛
责任编辑：梁　媛
装帧设计：山谷有鱼

粤港澳大湾区
Images影像志

香港影像志

出版发行：五洲传播出版社
地　　址：北京市海淀区北三环中路31号生产力大楼B座6层
邮　　编：100088
发行电话：010-82005927，010-82007837
网　　址：http://www.cicc.org.cn，http://www.thatsbooks.com
印　　刷：北京雅昌艺术印刷有限公司
版　　次：2025年6月第1版第1次印刷
开　　本：710mm*1000mm　1/16
印　　张：18
字　　数：210千
定　　价：268.00元

版权所有　翻印必究